Rudolf Reiser

Regensburg – Stadt mit Vergangenheit

Rudolf Reiser

REGENSBURG

STADT MIT VERGANGENHEIT

Eine Kulturgeschichte bis 1810

Verlag Friedrich Pustet Regensburg

CIP-Kurztitelaufnahme der Deutschen Bibliothek

Reiser, Rudolf
Regensburg, Stadt mit Vergangenheit : e. Kulturgeschichte bis 1810. – 1. Aufl. – Regensburg : Pustet,
1977.
  ISBN 3–7917–0531–8

ISBN 3–7917–0531–8
© 1977 by Verlag Friedrich Pustet, Regensburg
Umschlagmotiv: Der rote Herzfleck
Umschlaggestaltung: Karl S. Wittmann unter Verwendung
eines Fotos von L. Backof
Gesamtherstellung: Friedrich Pustet, Regensburg
Printed in Germany 1977

Inhalt

Römische und fränkische Provinzstadt

(80–788)

Dies ist die Geschichte einer Stadt, die heute zu den merkwürdigsten und schönsten des Kontinents gehört. Rund hundert Kaiser und Könige halten sich hier auf – Hadrian aus Rom, Authari aus Pavia, Karl der Große, Otto der Große, Barbarossa und Napoleon, um nur die wichtigsten zu nennen. Die größten Wissenschaftler ihrer Zeit wie Tycho de Brahe, Kepler und Guericke, kommen hierher und viele bekannte Künstler, unter ihnen Orlando di Lasso, Goethe, Haydn, Mozart und Hans Sachs.

Regensburg ist die Stadt Deutschlands, die zumindest bis ins 14. Jahrhundert keine Konkurrentin neben sich hat, weder Köln noch Magdeburg, München, Mainz, Speyer, Augsburg oder Nürnberg. Hier finden die meisten bedeutenden Reichstage statt, hier gebieten die Karolinger über ihr mächtiges Reich, hier tagt knapp 150 Jahre lang der Immerwährende Reichstag, von hier aus regieren die bayerischen Herzöge sieben Jahrhunderte ihr Territorium.

Es gibt Zeiten, da blickt ganz Europa nach Regensburg. Von hier aus starten die großen Kreuzzüge, hier verkehren Kaufherren aus Kiew, Cordoba, London, Byzanz, Paris und Bologna, hier verhandeln die Diplomaten des Zaren, Dogen, Papstes, Sultans und Kaisers.

Und dabei fängt alles so harmlos an. Noch um die Zeitenwende spielt das keltische »Radasbona«, das man vielleicht mit »Ort der sumpfigen Niederung« übersetzen kann, überhaupt keine Rolle. Erst 70 bis 80 Jahre später wird die Siedlung für die Römer interessant. Da sich das Testament von Kaiser Augustus († 14), wonach ganz Germanien römisch zu werden habe, nicht erfüllt, wird nämlich Regensburg, der nördlichste Punkt der von den Römern geschaffenen Provinz Rätien (sie reicht vom Genfer See bis Passau und von Ulm bis Lienz in Osttirol), immer mehr zum Bollwerk gegen die von Jahr zu Jahr aggressiveren Germanen. Zunächst errichten die Römer im heutigen Kumpfmühl ein Kastell, in dem rund tausend Krieger, die die Front schützen sollen, hausen. Damit tritt Regensburg erstmals ans Licht der Geschichte. Schon vom 2. Jahrhundert an werden dann in den Kaiserpalästen in Rom die Imperatoren regelmäßig von der Front unterrichtet. Wahrscheinlich kommt Hadrian († 138), der sich in Rom die Engelsburg als Grabmal bauen läßt, als erster hierher und inspiziert die Festung.

Neben der Soldatenstadt wird Regensburg aber sehr schnell auch zu einer Handelsstadt. Hier kaufen römische Händler wahrscheinlich die Produkte der Germanen, die sich wiederum mit Waren aus dem Süden eindecken. Die bedeutendsten Handelspartner in diesem kleinen Grenzverkehr sind die Hermunduren, » die als einziger Germanenstamm nicht nur am Donauufer mit uns Handel treiben«, wie der römische Historiker Cornelius Tacitus († um 116) in seiner »Germania« berichtet. Diese Hermunduren sind eigentlich in Thüringen beheimatet, besiedeln aber auch das Gebiet nördlich der Donau, die heutige Oberpfalz also.

Bereits um 170 herrscht in Regensburg Alarmstimmung. Die Markomannen, denen die Römer selbst Waffen liefern, durchbrechen die Grenzen und zerstören auch das Regensburger Kastell. In Rom erkennt man sogleich die Gefahr. Der Verlust Regensburgs kann auch den Rätiens zur Folge haben. Es werden sofort starke Einheiten geschickt, die die Germanen unverzüglich niederwerfen.

Kaiser Marc Aurel (121–180) beschließt dann nach dem Sieg

über die Markomannen, in Regensburg eine unbezwingbare Festung zu errichten, allerdings näher an der Donau. Das Kastell mißt 450 × 580 Meter und wird zur größten Festung im süddeutschen Raum. Über 6000 Soldaten der dritten italienischen Legion tun darin Dienst. Geht man davon aus, daß noch rund 4000 bis 6000 Zivilisten (Angehörige der Krieger, Händler, Siedler, Dienstleistungsmannen und deren Familien usw.) im anschließenden Lagerdorf wohnen, kann man sich vorstellen, daß Regensburg damals zu den größten Städten Mitteleuropas zählt.

Castra Regina, Lager am Regen, heißt der Ort. Eine lange Steintafel, die heute im Städtischen Museum aufbewahrt wird, bestätigt, daß um 179 Kaiser Marc Aurel und sein Sohn Commodus »die Mauern mit den Toren und Türmen durch die dritte italienische Legion und die zweite aquitanische Kohorte unter der Leitung des kaiserlichen Provinzstatthalters Marcus Helvius Clemens Dextrianus errichten lassen«. Keine andere Stadt in Deutschland hat eine so alte Gründungsurkunde.

Es bleibt späteren Jahrhunderten vorbehalten, aus der Tiefe des Bodens das Kastell zu rekonstruieren und ungeklärte Fragen zu beantworten. Wahrscheinlich erbauen die Römer auch hier eine Arena oder ein Freitheater, Tempel und Luxushäuser, Bäder und Versammlungsräume, Appellplätze und Markthallen.

Zur selben Zeit, als die Maurer und Sklaven die massiven Steinquader aufeinandersetzen und die trotzige Festung errichten, schreibt Marc Aurel, der Philosoph auf dem Thron, seine Gedanken nieder. »Auch wenn du 3000 Jahre leben solltest oder gar zehnmal so lange, bedenke trotzdem, daß niemand ein anderes Leben verliert als das, das er lebt, und daß er auch nicht ein anderes lebt, als das, das er verliert.

Es kommt also der längste Zeitraum aufs selbe heraus wie der kürzeste. Denn der gegenwärtige Augenblick ist für alle gleich, und was verlorengeht, ist also gleich, und es erweist sich, daß so Winziges verlorengeht. Denn weder Vergangenheit noch Zukunft verliert einer; denn wie könnte man ihm nehmen, was er nicht hat.«

An der Wiege seiner Stadtgründung spricht Marc Aurel vom Untergang, vom Endlichen, vom zeitlich Begrenzten. Er macht sich Gedanken über die Niederlage eines jeden Dings. Seiner Stadtgründung ist aber für das erste Jahrtausend eine glänzende Periode beschieden. Regensburg hat Marc Aurel mehr zu danken als jedem anderen. Er und seine Nachfolger bauen die Keltensiedlung am nördlichsten Punkt der Donau zu einer Festung aus, in der sich die Mächtigen des Landes bis zum Dreißigjährigen Krieg verschanzen. Es ist eine Mauer, die lange Zeit als unüberwindbar gilt. Noch heute sind große Teile von ihr erhalten (am Ernst-Reuter- und Dachauer Platz). Steht man vor ihr, dann kann man sich ein Bild davon machen, wie ungeheuer schwierig es ist, mit den damals üblichen Waffen dieses Lager zu nehmen. Die Mauern sind aus festen großen Steinen zusammengefügt. Ihre Höhe ist mit acht Metern eher zu niedrig angesetzt.

Neben den Mauern ist die massive Porta Praetoria, zwischen Dom und Strom gelegen, ein weiteres Relikt des Kastells. Sie gilt heute als ältester Hochbau Deutschlands. Hier in der Nähe wohnt der Praetor (Statthalter). Von hier aus spähen die Soldaten nach Norden, denn jenseits der Donau liegt Germanien, Feindesland, das Augustus noch hätte erobern wollen.

Regensburg ist bereits in dieser Zeit einer der wichtigsten strategischen Punkte des Weltreichs. In einem Bericht des Kaisers Caracalla († 217) wird die Festung »Reginum« genannt. Fast zur selben Zeit ist das Lager »Regino« auf einem militärischen Atlas vermerkt, der in den »Peutingerschen Tafeln« kopiert wird. Dort sind im Segment III, dem Großraum diesseits und jenseits der Alpen, außer Regensburg nur noch Aquileia, Mailand, Verona, Augsburg und Salzburg eingezeichnet.

Über den Zivilort (»vicus canabarum«), der sich vom Arnulfs- zum Emmeramsplatz erstreckt und schon 113 nachweisbar ist, wie die jüngsten Ausgrabungen (1977) verraten, sind wir ein bißchen besser informiert. Zunächst treffen hier die ersten Christen aus Rom ein. Wahrscheinlich hat Regensburg bald einen Bischof. Gesichert ist jedenfalls, daß hier zahlreiche Menschen von den Römern ihres Glaubens wegen hingerichtet werden. Uns blieb ein Grabstein einer Regensburgerin namens Sarmannina erhalten, »die in Frieden ruht und mit den Märtyrern vereinigt ist«.

Auch Zeugnisse des Zusammenlebens sind uns ein paar bekannt. Ein Regensburger Fähnrich läßt seiner »unvergleichlichen Gattin Flavia Florina« ein Grabmal setzen. Auf einem anderen Epitaph beklagt der »unglückselige Vater« Vindelicius Surinus den Tod seiner drei Kinder.

Impressionen von Liebe und Ehe in Regensburg verraten ein paar Schmuckstücke, die in der Stadt gefunden werden. »Du sollst leben, meine Freundin«, steht auf einer Zwiebelknopffibel. Deutlicher ist schon die Umschrift eines Mädchenrings. »Schenke dich mir, Freundin, und ich schenke dir Leben.« Zur Gründungszeit Regensburgs läßt ein Römer seiner Geliebten eine Fibel anfertigen, auf der sein und ihr Portrait zu finden ist. Das Geschenk wird der Frau mit ins Grab gegeben.

In der Stadt herrscht also ein relativ großer Wohlstand. Der Schmuck ist üppig, mit Grabbeilagen wird nicht gespart. Daß hier Wein getrunken wird, beweisen ein Altar, der

11

Bacchus geweiht ist, und in Stein gehauene Zechmotive. Man darf vermuten, daß an den Winzerer Höhen auch Rebstöcke gepflanzt werden. Die Fremden sind wahrscheinlich sogar die Winzer, denn nach den Angaben Ciceros »dulden es die Römer nicht, daß die Völker jenseits der Alpen Wein anbauen«.

Bereits ein halbes Jahrhundert nach der Gründung des Lagers werden die Festungsbewohner arg bedrängt. 233 stehen tausende von Alemannen vor den Toren und richten schwere Schäden an. Die umliegenden Gutshöfe in Burgweinting und Kumpfmühl und der Merkurtempel in Ziegetsdorf werden zerstört. Unverzüglich verläßt Kaiser Severus Alexander († 235) den Orient und erscheint in Regensburg, das auf seinen Befehl hin wieder aufgebaut wird.

Dann aber setzt der Verfall der römischen Macht ein. Vor allem die Heeresreformen des Kaisers Diocletian († 316), die einen erheblichen Abzug der Soldaten vorsehen, signalisieren den Wendepunkt. Das ist um 300, jener Zeit also, in der im Imperium die schwersten Christenverfolgungen stattfinden.

357 kommen die Juthungen aus Schwaben und belagern die Stadt, »was sonst nicht ihre Gewohnheit ist«, wie der römische Geschichtsschreiber Ammianus Marcellinus berichtet. Von ihrer Anwesenheit zeugen 140 Kupfermünzen, die 1900 am Domplatz gefunden werden. Wenig später ist wieder ein Kaiser, nämlich Julian († 363), ein Anhänger der griechischen Philosophie und Gegner des Christentums, in Regensburg und inspiziert die Festung. Doch die Macht der Römer ist gebrochen. Um 400 taucht der Name der Stadt noch einmal in dem Staatshandbuch »Notitia dignitatum« auf, dann wird es still um Castra Regina. 477 gibt es im Lager keine Römer mehr.

Die Römer ziehen ab, lassen aber eine mächtige Festung zurück, an der kurz vorher selbst noch die Hunnen Attilas († 453) respektvoll vorbeiziehen. Ob und von wem das Lager bewohnt ist, ist nicht bekannt. Gewiß ist nur eines, es gibt keine aus Böhmen einwandernden Bajuwaren, die sich der Festung bemächtigen.

Die Bayern sind nämlich Boier, was nicht nur die Lex Ripuaria, das fränkische Reichsgesetz, und Abt Jonas von Bobbio um 620 aussagen, sondern auch auf Grund der boiischen Spuren (Keltenschanzen, Reihengräber, Flußnamen usw.) nachzuweisen ist. Freilich, von einem ethnisch lupenreinen Volk kann man nicht sprechen. Die Boier haben sich mit Sicherheit in der langen römischen Besatzungszeit mit germanischen und römischen Gruppen vermischt.

Wie uns die fränkischen und gotischen Quellen berichten, gibt es bereits um 550 ein Herzogtum Bayern, dessen Regenten die Agilolfinger sind. Daß sie mit den Merowingern verwandt sind, erklären der langobardische Geschichtsschreiber Paulus Diaconus († 799), die Lex Baiuvariorum, das erste bayerische Gesetz, und der Verfasser der sogenannten Fredegarchronik.

Die meisten Herzöge sind uns mit Namen bekannt. Der erste ist Garibald I. († um 593), der mit der langobardischen Königstochter Waltrada (= Waltraud), einer Witwe eines Frankenkönigs, verheiratet ist. Es folgen in der Herrschaft sein Sohn Tassilo I († um 610) und sein Enkel Garibald II. Ungewiß ist, wer in der zweiten Hälfte des 7. Jahrhunderts bayerischer Herzog ist. Wir wissen in der fraglichen Zeit von einem Theodo I. und einem Theodo II. Daß sie irgendwie verwandt sind, läßt sich aus der Lex Baiuvariorum schließen, nicht aber wie.

Jedenfalls folgen auf Theodo II. († 717/18) seine vier Söhne, die sich die Herrschaft teilen: Theodo III. (genannt

13

Theudebert), Grimoald, Theudebald und Tassilo II. Nach ihnen regiert Herzog Hugbert († 736), der Sohn Theodos III., darauf Odilo († 748), der mit den Franken einen Krieg führt und verliert. Der letzte Agilolfingerherzog ist dann Tassilo III. († nach 794), ein Sohn Odilos und seiner fränkischen Gattin Hiltrud.

Bis auf die Teilherzöge Grimoald, der sich in Freising niederläßt, Theudebald und Tassilo II. (wahrscheinliche Herzogssitze in Passau und Salzburg), residieren die Agilolfinger in Regensburg, wo noch immer das mächtige Römerkastell steht.

Und dieses Lager ist am Ende der Antike so bekannt, daß der spanische Mönch Beatus auf seiner europäischen Landkarte als einzige Stadt Deutschlands Regensburg (»Reganburgo«) einzeichnet. Das Atlasblatt entsteht zwar um 776, doch gibt es die politischen Verhältnisse um 500 wieder. Weiter berichtet der Freisinger Bischof Arbeo († um 783), daß Regensburg um 650 nicht nur die »feste Hauptstadt« Bayerns ist, sondern auch »uneinnehmbar«, denn sie sei »aus Quadern erbaut und mit hochragenden Türmen versehen«.

Die Quellen über das Geschehen in Regensburg sind spärlich, ja sie setzen zeitweise sogar ganz aus. Trotzdem sind wir über viele Details gut informiert. Und in Regensburg ist einiges los: Die Brautwerbung des langobardischen Königs Authari († 590), die Auseinandersetzungen um die Ermordung des Bischofs Emmeram († 652), das Exil der Langobardenkönige Ansprand und Liutprand, die Vorbereitungen der Kriege mit den Frankenkönigen Pipin und Karlmann und die Abberufung Herzog Tassilos III. (788) aus der Stadt.

Dramatisch wird es in Regensburg das erstemal, als sich die Franken und Langobarden in die Haare kommen und um die

14

Gunst des bayerischen Herzogs Garibald I., der ja aus der fränkischen Königsdynastie der Merowinger stammt, buhlen. Doch dieser Garibald kann nicht einfach zugunsten seiner Heimat Partei beziehen, da seine Gattin, die ja Langobardin ist, zu ihrem Volk hilft.

Nach den dürftigen Quellen zu schließen, setzt sich im Herzogshof in Regensburg die Herzogin Waltrada durch. Ein wichtiges Indiz dafür ist, daß der Missionsbeauftragte der Oströmer, der Frankenfreund Marcianus, um 575 fluchtartig Regensburg verläßt und nach Grado zieht, wo er am 24. April 578 stirbt und im Dom Santa Eufemia an der heutigen Piazza dei Patriarchi seine letzte Ruhestatt findet.

Noch gewichtiger sind aber die Hochzeiten zwischen den Angehörigen der bayerischen und langobardischen Herrscherdynastien. Die wichtigste Verbindung scheint die zwischen der bayerischen Herzogstochter Theudelinde († 625) und dem Langobardenkönig Authari († 590) zu sein. Wie Paulus Diaconus erzählt, schickt der Langobardenherrscher zunächst Gesandte nach Regensburg und läßt den Herzog fragen, ob er ihm das Mädchen zur Frau gibt. Garibald I. willigt ein. Als Authari das in seiner Residenzstadt Pavia erfährt, »kommt ihm das Verlangen an, seine Braut mit eigenen Augen zu sehen«, wie Paulus Diaconus berichtet.

So sucht sich der Langobardenkönig ein paar rüstige Leute und zieht mit ihnen nach Norden. Seinem Gefolge verbietet er aber, in Regensburg etwas über seinen Stand verlauten zu lassen. Im Herzogshof sagt nun Authari zu Garibald: »Mein Gebieter, der König Authari, hat eigens darum gesandt, damit ich eure Tochter, seine Braut, die unsere künftige Herrin ist, sehen soll, auf daß ich meinem Herrscher sicherer berichten kann, wie ihre Gestalt ist.«

Sogleich läßt der Herzog seine Tochter in den Raum bitten.

Und dem Gast aus Pavia sagt das Mädchen sofort zu. »Da uns die Gestalt deiner Tochter wohl gefällt, und wir sie darum zu unserer Königin wünschen, so möchten wir, falls es eurer Herrlichkeit beliebt, einen Becher Wein aus ihrer Hand entgegennehmen, wie sie ihn uns später reichen wird«, meint darauf der Freier zum Herzog. Wie nun aber Authari den Becher an Theudelinde zurückgibt, berührt er ganz heimlich mit dem Finger ihre Hand und streicht ihr mit seiner Rechten von der Stirne über die Nase und Wangen herab.

»Ganz schamrot« berichtet die Braut den Vorgang ihrer Amme. Diese antwortet ihr: »Wenn dieser Mann nicht selbst der König und dein Bräutigam wäre, so hätte er auf keinen Fall dich zu berühren gewagt. Laß uns einstweilen stille sein, damit dein Vater nichts davon erfährt. Denn wahrlich, er ist ein Mann, der es verdient, mit dir vermählt zu werden.«

Kurze Zeit später verläßt die langobardische Mannschaft Regensburg wieder. Als nun Authari in die Nähe der Grenze kommt, erhebt er sich von seinem Pferd und »stößt mit aller Macht die Streitaxt, die er in der Hand trägt, in einen nahestehenden Baum«. Dazu meint er: »Solche Hiebe führt Authari.« Sofort erkennt die bayerische Begleitung den König.

Im Frühjahr 589 bricht dann Theudelinde mit ihrem Bruder Gundoald nach Italien auf. Der königliche Bräutigam zieht ihr von Pavia aus mit stattlichem Gefolge entgegen und vermählt sich mit ihr am 15. Mai 589 in der Nähe von Verona. Die Ehe dauert aber nur 478 Tage, denn schon am 5. September 590 stirbt der Gemahl. Wie es heißt, wird er ermordet.

Schon zwei Monate später begegnet Theudelinde in Lomello dem Herzog von Turin, Agilolf, dem bereits am

16

Hochzeitstag in Verona geweissagt wird, daß er einmal die jungvermählte Theudelinde ehelichen werde. Durch die Heirat, die auch tatsächlich zustande kommt, wird Agilolf neuer König der Langobarden. Theudelinde, die ein sehr gutes Verhältnis zu den Päpsten in Rom sucht und findet, stirbt 625.

Während der Herrschaft ihres Bruders Tassilo I. beginnt in ihrer bayerischen Heimat die Kolonisation im Süden und Osten. Etwa 593 zieht der Herzog von Regensburg aus »mit Heeresmacht ins Land der Slawen und kehrt siegreich und mit großer Beute wieder in sein eigenes Land zurück«, wie Paulus Diaconus erzählt. Rund zwei Jahre später erleidet Tassilo aber gegen die Slawen eine fürchterliche Niederlage.

Sein Sohn Garibald II. hat in dieser Schlachtenfolge zunächst auch kein großes Kriegsglück. Doch beim zweiten Waffengang jagen die Bayern den Feinden »die gemachte Beute wieder ab«.

Bald sitzen die Agilolfinger so fest im Sattel, daß sie sich eine der größten Brüskierungen gegenüber dem Frankenreich erlauben können. Sie ermorden nämlich 652 den fränkischen Missionsbeauftragten Emmeram aus Poitiers. Wie Bischof Arbeo von Freising berichtet, wird Emmeram am Regensburger Herzogshof in eine verzwickte Liebesgeschichte verwickelt. Eines Tages, so erzählt nämlich Arbeo, erscheint bei Emmeram die Tochter Herzog Theodos I., Uta, die »durch ihre böse Begierde und auf Einflüsterung des Teufels von dem Sohne eines Richters, mit Namen Sigibald, verführt worden sei«. Da die Schwangere angeblich die Strafe ihres Vaters fürchtet, bittet sie Emmeram, er soll verkünden, sie – Uta – sei von ihm begehrt und entehrt worden. Der Bischof willigt ein, was ihm zwar keine Überwindung, aber das Leben kostet.

Als nämlich Herzog Theodo »die Schande« seiner Tochter entdeckt, ist er sehr erzürnt und verbannt sie zur Strafe nach Italien. Sein Sohn Landpert aber ist daraufhin so aufgebracht, daß er Emmeram, der gerade eine Romreise angetreten hat, nachreitet, ihn bei Kleinhelfendorf (in der Nähe Münchens) einholt und »grausam verstümmeln« läßt. Nachdem sich die Selbstbezichtigung Emmerams als fragwürdig herausgestellt hatte, holt dann Herzog Theodo den Leichnam, der noch kurze Zeit in Aschheim bei München ruht, in einer Art Staatsakt nach Regensburg. Als der Sarg dort im »schutzgewährenden Hafen« eintrifft, sind Herzog, Hofstaat und viele Regensburger anwesend. Die Geistlichen führen Kreuze und Weihrauchfässer mit sich. Emmeram wird in der heute nach ihm benannten Kirche beerdigt. Der Mörder muß das Los seiner Schwester Uta teilen und wird ebenfalls verbannt. Soweit Arbeo!

Doch diese Geschichte ist nur zum Teil wahr. Zufällig wissen wir aus der Langobardengeschichte des Paulus Diaconus, daß exakt zu dieser Zeit der Langobardenherzog Grimoald († 672) »ein gefangenes adeliges Mädchen Ita (= Uta)« heiratet. Das deutet aber darauf hin, daß der Zorn des Herzog Theodo von Bayern nicht so groß sein kann. Er hat wahrscheinlich den Mord angeordnet oder zumindest gebilligt, aus Furcht vor den Franken, deren Schützling ja Emmeram ist, aber dann eine Ausrede erfunden, eben die, die uns Arbeo überliefert. Für diese These spricht auch die Tatsache, daß alle Bischofsmorde und -verfolgungen dieser Zeit auf ein Zerwürfnis zwischen weltlicher und geistlicher Macht zurückzuführen sind (z. B. Kilian, Korbinian, Rupert). Immerhin wissen wir auch, daß die Bischöfe die jeweiligen Herrscher ganz schön maßregeln.

Aber nicht nur mit den Franken gibt es Probleme, auch mit den traditionellen Freunden in Pavia. So entsteht im

8. Jahrhundert in Regensburg eine langobardische Exil-gruppe, die den Herzogshof bewegt, gegen den gerade amtierenden Langobardenkönig in Pavia, Aripert († 712), Krieg zu führen. Die Bayern lassen sich auf dieses Abenteuer ein und verlieren auch prompt. Da Aripert, der siegreiche Langobarde, kurz darauf im Ticino ertrinkt, wird Ansprand, der bis dahin in Regensburg weilte, König. Sein Nachfolger ist sein Sohn Liutprand, der in Regensburg die bayerische Herzogstochter Guntrud kennen- und liebengelernt hat und jetzt heiratet. Nach Theudelinde besteigt also eine zweite Regensburgerin den Thron der Langobarden.

Unter Herzog Odilo wird Bayern dann ein eigener Kirchensprengel, Regensburg überraschenderweise jedoch nicht Metropolitansitz. 743 kommt es schließlich zu einem längst fälligen Krieg mit den Franken, denen aber die Bayern in keiner Weise gewachsen sind. Mit Mühe nur kann sich Odilo hinter den Inn retten. Die Franken setzen ihm nicht nach, sondern ziehen wieder ab. Wahrscheinlich plündern sie aber vorher Regensburg.

Tassilo III. hat dieses Glück dagegen nicht. Zunächst schützen ihn zwar die Franken vor Grifo, einem Sohn Karl Martells († 741) und der Agilolfingerin Swanahilde, doch dann wird er ihnen immer suspekter. Vor allem seine Bündnispolitik mit den Langobarden und Hunnen und sein Selbständigkeitsbestreben sind für Karl den Großen (742–814) ein ständiges Ärgernis. In einem Schauprozeß in Ingelheim wird Tassilo III. schließlich abgesetzt und zu lebenslänglicher Klosterhaft verurteilt.

Die Weltstadt
(788–1450)

Kaiser- und Herzogspfalz

Welche Bedeutung der Residenzstadt Tassilos eigentlich zukommt, zeigt ihr weiteres Schicksal. Regensburg wird nämlich nicht, wie man annehmen möchte, eine fränkische Provinzstadt, sondern eine der wichtigsten Städte in dem gewaltigen Karolingerreich, das sich zwischen Elbe und Elba und zwischen der Spanischen und Pannonischen Mark erstreckt. Die Entwicklung geht gar soweit, daß Regensburg im 9. Jahrhundert die Haupt- und Residenzstadt des gesamten ostfränkischen Reiches und St. Emmeram, die größte Kirche Süddeutschlands, die deutsche Hofkirche und Begräbnisstätte der Karolinger wird.

Schon drei Jahre nach der Entmachtung Tassilos trifft Karl der Große mit seinen Beamten, Boten und Beischläferinnen in Regensburg ein und bleibt drei Jahre. Hier feiert er die Oster- und Weihnachtsfeste. Hier plant er, die Donau mit dem Rhein durch einen Kanal zu verbinden. Hier entrinnt er aber auch mit größtem Glück einem Attentat seines illegitimen Sohnes Pipin († 811). Wie uns die Quelle »Notkeri Gesta Karoli« berichtet, berät Pipin mit den Beamten seines Vaters im Dom den Plan der Ermordung. Nach den Diskussionen entdeckt er aber unter dem Altar einen Geistlichen, der die Gespräche mitanhörte. Pipin nötigt ihm zwar einen Eid ab, dem König nichts zu verraten. Doch der Geistliche bricht sein Wort, dringt »unter den größten Schwierigkeiten durch sieben Schlösser und Türen« in das Schlafgemach

Karls des Großen und erzählt ihm vom Komplott. Pipin, so berichtet der karolingische Geschichtsschreiber Einhard († 840), wird daraufhin »geschoren und auf seinen eigenen Wunsch in das Kloster Prüm (nördlich von Trier) geschickt«.

Aus den Metzer Jahrbüchern ist zu entnehmen, daß Karl der Große 803 erneut nach Bayern kommt. Er »vergnügt sich im Hirkanischen Wald an der Jagd auf Büffel und andere wilde Tiere«. Dann zieht er »nach Regenesburch, wo er anordnet, was nötig ist«. Bei dieser Gelegenheit huldigen dem Kaiser in der Donaustadt »viele Slawen und Hunnen mit allem, was sie besitzen«.

Oft und lang weilt auch der Enkel Karls, Ludwig II. der Deutsche († 876), in Regensburg, wo nach wie vor die Fäden der Reichspolitik zusammenlaufen. 845 kommen 14 böhmische Fürsten mit ihren Dienstmannen hierher und lassen sich hier taufen. 25 Jahre später wird hier Herzog Ratislaw, der ein mährisches Großreich errichtet hat, von Ludwig dem Deutschen zu lebenslanger Klosterhaft in St. Emmeram verurteilt.

Überhaupt erhält St. Emmeram sehr schnell eine Mittlerfunktion zwischen dem römischen und böhmischen Raum. Bis 973 ist der Abt von St. Emmeram, der gleichzeitig Bischof von Regensburg ist, Missionsbeauftragter für Böhmen. Die ältesten Meßbücher auf dem Hradschin stammen aus Regensburg. Der Patron des mährischen Bischofssitzes Neitra ist der heilige Emmeram, der auch in Prag verehrt wird. Im Regensburger Kloster werden die Mährenfürsten Ratislaw und Swatopluk als Geiseln erzogen, der Premyslidenprinz Christian Strachkwas erfährt hier seine Ausbildung.

870 muß sich in Regensburg der erfolgreiche böhmische Missionar und Bischof von Mähren, Methodius († 885), der

unter Verdacht steht, mit seinem Bruder Kyrill († 869) ketzerisches Glaubensgut verbreitet zu haben, verantworten. Methodius erweist sich jedoch in den Disputen als überlegen und bezeichnet die bayerischen Bischöfe als »Idioten«. Darauf springt der Passauer Bischof Ermenrich († 874), der einst in Regensburg seine Ausbildung erfuhr, auf und will ihn mit der Reitpeitsche schlagen. In letzter Sekunde werden Tätlichkeiten verhindert. Methodius steckt man in ein Kloster und spricht ihn nach seinem Tod heilig.

Ein Jahr zuvor liegt Ludwig der Deutsche in Regensburg schwerkrank darnieder. Da die Ärzte »an seiner Wiederherstellung verzweifeln«, verteilt der König alle seine Schätze an die Klöster und die Armen der Stadt. Wie die Fuldaer Annalen berichten, »verdient er sich damit die Heilung durch den himmlischen Arzt«.

Vermählt ist Ludwig der Deutsche seit 843 mit der vornehmen bayerischen Welfentochter Hemma († 876), »die zwar edel von Geschlecht ist, aber was höher zu preisen ist, durch ihren Edelsinn noch viel überragender ist«, wie uns der Abt von Prüm, Regino († 915), erzählt. Sie nimmt sich des Klosters Obermünster an und beabsichtigt, für adelige Damen ein Stift zu gründen. Eine ihrer Töchter ist die selige Irmgard von Frauenchiemsee. 874 trifft Hemma der Schlag. Zwei Jahre später stirbt sie zu Regensburg und wird, wie die Fuldaer Jahrbücher berichten, »in der Kirche des heiligen Märtyrers Emmeram begraben«.

Ihr zu Ehren lassen die Mönche rund vier Jahrhunderte später ein Epitaph (nördliches Seitenschiff von St. Emmeram) meißeln: Eine schlanke Frauengestalt liegt ausgestreckt auf der Steinplatte. Auf dem etwas nach rechts geneigten Haupt, dem ein Kissen untergebettet ist, trägt Hemma eine Krone. Ein Untergewand, das von einem Gürtel gehalten wird, ist zwischen Brust und Hüfte sichtbar. Ansonsten ist sie mit einem locker gefalteten Mantel bekleidet. Unter der Krone fällt ein Kopftuch weit über die Schulter hinab. Am Hals ist ein rundes Schmuckstück sichtbar. In ihrer Linken trägt Hemma den Reichsapfel, in der Rechten den Stumpf eines Zepters.

Wie für Ludwig den Deutschen ist auch für Kaiser Arnulf († 899), seinem Enkel, Regensburg Residenzstadt. Arnulf ist ein illegitimer Sohn von König Karlmann († 880), dem »aus rechtmäßiger Ehe wegen der Unfruchtbarkeit seiner Gemahlin kein Sprößling geboren wird« (Regino). Seine Mutter ist eine »vornehme Frau« aus Bayern, höchstwahrscheinlich eine Regensburgerin. Der Kaiser selbst wird uns als ein Mann »von glänzender Schönheit« geschildert. Seine große Tat ist sein Sieg über die Normannen bei Löwen.

Wie uns der Freisinger Bischof und Geschichtsschreiber Otto († 1158) überliefert, »liebt Arnulf von allen Städten seines Reiches am meisten Regensburg, die Metropole Bayerns«. Er erweitert die Stadt, bereichert St. Emmeram »mit vielen Kunstgegenständen und durch große Schenkungen«. Unter anderem bekommen die Emmeramer das wert- und prachtvollste europäische Evangelienbuch, den Codex Aureus, der möglicherweise aus dem französischen Kloster St. Denis stammt. Fast ein Drittel aller seiner Urkunden läßt der Kaiser in Regensburg ausstellen. Die Jahre 887 bis 891 verbringt er sogar ganz in seiner Lieblingsstadt an der Donau. 891 erhebt er hier seinen Kanzler Aspert († 894) zum Bischof von Regensburg. Wie die Fuldaer Annalen berichten, steht kurze Zeit später ganz Regensburg »durch göttliche Rache auf wunderbare Weise plötzlich in Flammen«. Mit Ausnahme von St. Emmeram und St. Kassian wird nahezu ganz Regensburg zerstört.

Arnulf, der für den Geschichtsschreiber Andreas († um 1438) »der allernamhaftigste Künig in Europa« ist, hat in

23

Regensburg aber auch viel Ärger mit seiner Gattin Uta. Die Kaiserin wird nämlich im Juni 899 eines »unerhörten Verbrechens« beschuldigt. Sie soll, so berichten die Fuldaer Annalen, »ihren Körper in buhlerischer und unedler Verbindung preisgegeben« haben. Als der Kaiser das erfährt, grämt und schämt er sich ungeheuerlich. Sogleich wird Uta des Ehebruchs angeklagt, doch in Regensburg finden sich 72 vornehme Männer, die einen sogenannten Reinigungseid leisten.

Seine letzte Ruhestätte findet Arnulf, wie seine Großmutter Hemma, in St. Emmeram, seinem Lieblingskloster. Er hinterläßt einige uneheliche Söhne, darunter Rathold und Zwentibold, und Ludwig, einen Sohn seiner Gattin Uta. Eine seiner unehelichen Töchter wird dem Kaiser von einem »kühnen jungen Mann« namens Engilschalk geraubt.

Arnulfs Sohn Ludwig, genannt »das Kind«, ist der letzte Karolinger in Deutschland. Er ist beim Tod des Vaters erst sechs Jahre alt. Als er 911, erst 18jährig stirbt, wird er neben dem Vater »mitten im chor zu sand Haymeran ze Regenspurg begraben«, wie sich Andreas ausdrückt.

Nach dem Tod des letzten Karolingers steht die Stadt vor einer erneuten Bewährungsprobe. Wird es weiter die Residenz der Kaiser und Könige bleiben?

Schon 914 kämpfen der Frankenherzog Konrad († 918), der 911 zum deutschen König gewählt wird, und der Regensburger Arnulf, »durch Gottes Fügung Herzog der Bayern und der angrenzenden Gebiete«, um die Vorherrschaft im Reich. Konrad erobert aber nicht nur die Stadt, sondern auch Kunigunde, die Mutter seines Regensburger Rivalen. Es ist eine reine Zweckheirat. Der König ist entschlossen, sich damit in Bayern zu legitimieren und Respekt zu verschaffen.

24

Tatsächlich gelingt es ihm auch, einen zweiten Vorstoß Arnulfs abzuweisen. 917 erkämpft sich aber der Bayer sein Herzogland zurück. Regensburg ist von jetzt an in seiner Hand. Ein Jahr später zieht König Konrad nochmals auf die Stadt zu, holt sich aber eine schwere Wunde, an der er kurz darauf stirbt.

Neuer König wird der Sachsenherzog Heinrich († 936), dem der Volksmund bald die Attribute »der Vogler« und »der Städtegründer« gibt. Doch auch er hat Schwierigkeiten mit Arnulf, den die bayerischen und schwäbischen Adeligen laut Salzburger Reichsannalen gar zum »König im Reich der Deutschen« wählen. Der Bayernherzog ist somit der erste Gegenkönig des noch jungen Reiches. Sofort belagert König Heinrich Regensburg, erleidet aber eine Niederlage und muß sich zu Verhandlungen bereitfinden. König und Gegenkönig schließen einen folgenreichen Vertrag. Der Bayer verzichtet auf die Königskrone und »unterwirft sich mit seinem ganzen Reich«, wie der Geschichtsschreiber Widukind von Corvey berichtet. Heinrich I. dagegen tritt eines der wichtigsten königlichen Rechte, die Besetzung der Bischofsstühle, an den Bayernherzog ab. Während die deutschen Herzogtümer dem König untertan sind, wird in Regensburg auch selbständige Außenpolitik betrieben.

Von da an ist Arnulf in seinem Herzogtum unumstrittener Herrscher. Von den Geistlichen wird er allerdings bald als »der Böse« abqualifiziert – Arnulf der Böse, ein Beiname, der ihm bis heute geblieben ist. Otto von Freising schreibt über ihn: »Er plündert unbarmherzig Kirchen und Klöster Bayerns und verteilt ihre Besitzungen unter seine Anhänger«. Die Beute erhalten seine Leute, die ihm im Krieg beistanden. Wie uns berichtet wird, besitzt das Kloster Tegernsee vor der Herrschaft Arnulfs 11000 Bauernhöfe, danach sind es nur noch 114.

Arnulf stirbt am 14. Juli 937. Seine letzte Ruhestätte findet er im Kloster St. Emmeram, das damit zu einem »Ahnensaal bayerisch-deutscher Geschichte« (Karl Bosl) wird. Das kunstvolle Grabmal, verziert mit frühromanischen Skulpturen (Menschengestalten halten Rundbögen zusammen), steht im nördlichen Seitenschiff.

Genau zehn Jahre später ernennt Kaiser Otto der Große (912–973) seinen Bruder Heinrich, der schon seit etwa 937 mit Judith, der Tochter Arnulfs des Bösen, verheiratet ist, zum bayerischen Herzog. Gleichzeitig besetzt der Kaiser die Bischofsstühle. Bayern spielt im Reich wieder eine untergeordnete Rolle.

In Regensburg mehren sich sogleich die Widerstände gegen die Sachsen. Herzog Heinrich, der einst gegen seinen Bruder Otto in den Krieg zog, da »ihn die Begierde nach der Königskrone nicht losließ« (Widukind), wird von den bayerischen Adeligen abgelehnt. Sie scharen sich um ihren Pfalzgrafen Arnulf. Sogar Judith und ihre Kinder werden aus Regensburg vertrieben. Unverzüglich ziehen daraufhin Herzog Heinrich und sein königlicher Bruder 954 vor die Stadt. Es kommt zu einer harten Auseinandersetzung, in deren Verlauf Pfalzgraf Arnulf fällt. Eine Regensburgerin, die der Hunger aus der Stadt treibt, entdeckt seinen von Geschossen durchbohrten Leichnam.

Kurz nach Ostern 955 erscheinen Otto der Große und Herzog Heinrich erneut in Regensburg. Diesmal »öffnen die Bewohner die Tore und geben die Stadt in die Hände des Königs« (Widukind). Im Herbst desselben Jahres werden dann die Anführer des Ungarnheeres, das am Laurentiustag am Lechfeld von Otto besiegt wird, in Regensburg hingerichtet.

Heinrich I., der jetzt anerkannte Herzog, wird uns von Widukind als ein Mann geschildert, der »schon in jungen Jahren alle Welt für sich durch seine ungewöhnliche Schönheit gewinnt«. Im Krieg ist er grausam. Den Patriarchen von Aquileia läßt er entmannen, dem Salzburger Erzbischof sticht er die Augen aus. Beide hielten einst zu Pfalzgraf Arnulf.

An seinem Sterbebett hört seine Gattin Judith, die uns Widukind als »eine Frau von herrlicher Gestalt« schildert, am 1. November 955 seine letzte Beichte mit an. »In tiefer Trauer«, so erzählt der Merseburger Bischof und Chronist Thietmar († 1018), bestattet sie ihn in der Regensburger Niedermünsterkirche, wo das Grab heute noch nachweisbar ist.

Zusammen mit Bischof Abraham von Freising führt Judith dann das Regiment für den vierjährigen Sohn, den späteren Herzog Heinrich den Zänker. Das Verhältnis zwischen Judith und dem Bischof wird bald so innig, daß ihnen intime Beziehungen nachgesagt werden. Erst nach ihrem Tod im Jahr 987 wird sie vom Bischof gerechtfertigt. Laut Thietmar wendet sich Abraham während des Trauergottesdienstes zum Volk und erklärt: »Hat sie jemals das Vergehen begangen, dessen sie verleumdet wurde, dann lasse der allmächtige Vater das heilige Gnadenmittel des Fleisches und Blutes seines Sohnes mir zum Gericht und zur verdienten Verdammnis werden, ihrer Seele aber zum ewigen Heil«. Begraben ist Herzogin Judith ebenfalls in der Niedermünsterkirche.

Fünf Jahre nach dem Tod Herzog Heinrichs I. feiert Otto der Große das Weihnachtsfest in Regensburg. Er ist Gast des Regensburger Bischofs Michael († 972), eines Trunkenboldes und tapferen Kriegers, der im Ungarnkampf von 955 selbst zum Schwert greift und wie ein Wilder um sich schlägt. Noch lange witzelt man aber in Regensburg über Ottos Dialekt. Er sächselt so sehr, daß davon Andreas von

Regensburg noch 70 Jahre später erzählt. Im Sommer darauf weilt Otto erneut in den Mauern der Stadt. Er rüstet sich hier für seine Reise nach Rom, wo er am 2. Februar 962 zum Kaiser gekrönt wird.

Auch der Sohn Herzog Heinrichs I., der ebenfalls den Namen Heinrich trägt, greift nach der Königskrone und bringt das Reich in erhebliche Unordnung. Er erhält bereits von den Zeitgenossen den Beinamen »der Zänker« und wird im Nibelungenlied »Markgraf Gelpfrat von Baiern« (gelpfen = zanken) genannt. Zusammen mit seiner Mutter Judith, ihrem Vertrauten Abraham von Freising und den beiden Herzögen von Böhmen und Polen sucht er bereits mit 23 Jahren Kaiser Otto den Großen zu stürzen. Otto aber ist auf der Hut und läßt ihn in Ingelheim, dem Schicksalsort Tassilos III., verhaften und einkerkern.

Bereits 976 gelingt es aber dem »Zänker«, aus der Haft in Ingelheim zu entkommen, und sofort zettelt er mit seinen bayerischen Gefolgsleuten einen erneuten Aufstand an. Doch Kaiser Otto II., sein Vater Otto der Große ist inzwischen gestorben, eilt unverzüglich nach Regensburg. Der »Zänker« zieht und flieht daraufhin mit seinen Mannen nach Böhmen, wird aber 978 gestellt und in feste Haft nach Utrecht geschickt. Seine Gemahlin Gisela interniert der Kaiser in Merseburg.

Bereits sechs Jahre später läßt der Utrechter Bischof den »Zänker« aber wieder frei. Der jetzt 33jährige mobilisiert nochmals alle Kräfte. Kaiser Otto II. ist inzwischen tot, sein Sohn und Nachfolger Otto III. noch ein Kind. In Köln bekommt der »Zänker« auf abenteuerliche Weise den Knaben in seine Hände und läßt sich in Quedlinburg zum König wählen. Doch auf den Druck des Mainzer Erzbischofs liefert er den jungen König wieder aus und bekommt dafür 985 Bayern als Herzogtum zurück. Von dieser Zeit an übt

Heinrich der Zänker in Regensburg eine solide Herrschaft aus.

Der Herzog stirbt 995 auf einer Reise zu seiner Schwester Gerberga, der Äbtissin von Gandersheim. Wahrscheinlich bringen seine Anhänger seinen Leichnam nach Regensburg. Jedenfalls steht in St. Emmeram sein Epitaph, das zu den Kostbarkeiten der Stadt gehört. Der Herzog hält in der Rechten die Lehensfahne und in der ausgestreckten Linken einen Wappenschild. Sein Gesicht verrät mädchenhafte Züge. Die Stirnhaare sind kurz geschnitten, während volle und geschwungene Locken Wangen und Schläfen umrahmen.

Heinrichs des Zänkers Gemahlin Gisela, eine Burgunderin, überlebt ihren Gatten um zwölf Jahre. Thietmar von Merseburg, der sie während ihrer Gefangenschaft wahrscheinlich öfter trifft, überliefert uns folgende Charakteristik: »Königlich Wesen ward ihr zu eigen in weiblichen Züchten«. Sie wird im Juli 1007 in Regensburg bestattet.

Ein Jahr nach dem Tod des Zänkers sammelt sich das Heer König Ottos III. in Regensburg, um sich für den Italienzug fertigzumachen. In Rom erwartet ihn die Kaiserkrone. Zu Beginn des zweiten Jahrtausends sieht Regensburg abermals illustre Gäste. Kaiser Otto III. und sein Nachfolger Heinrich II. weilen mit ihrem Gefolge im Januar des Jahres 1000 in der Stadt. Keiner ahnt noch, daß mit ihnen die Dynastie der Sachsen erlischt. Beide sterben ohne Erben.

Bleibt auch Heinrich dem Zänker die Königswürde versagt, zwei seiner Kinder erreichen sie. Seine Tochter Gisela († um 1045) wird durch ihre Heirat mit Stephan I. († 1038) ungarische Königin, sein Sohn Heinrich II. deutscher König und römischer Kaiser.

Heinrich II., der am 6. Mai 973 geboren ist, wird von Bischof Wolfgang († 994) in Regensburg erzogen. Zwischen 998 und 1000 vermählt er sich mit der Luxemburger Prinzessin Kunigunde. Obwohl die Verbindung nicht ganz seinem Stand entspricht, verspricht sich Heinrich davon die Gunst seines Vorgängers im Kaiseramt. Die Zeitgenossen schildern uns die Braut als einen »in Gold gefaßten Edelstein, der unter den Fürstentöchtern glänzt«.

Das Paar residiert noch nicht lange in Regensburg, als 1002 die Nachricht vom Tode des kinderlosen Kaisers Otto III. eintrifft. Heinrich beschlagnahmt sofort die Reichsinsignien. Er verhaftet den Kölner Erzbischof und gibt ihn erst wieder nach der Herausgabe der heiligen Lanze frei. Schnell läßt er sich am 7. Juni in Mainz küren und krönen. Der ganze Vorgang gleicht mehr einer Usurpation. Ausdrücklich heben die Quedlinburger Jahrbücher hervor, daß die Krönung »ohne Wissen der Sachsen« geschieht. Auch andere Stämme sind ausgeschaltet.

Als aber am 10. August 1002 Kunigunde in Paderborn zur Königin gekrönt und Heinrichs Schwester Sophie zur Äbtissin von Gandersheim geweiht wird, kommt es zum Krach. Die Sachsen sind so aufgebracht, daß sie noch am selben Tag einen schweren Streit vom Zaun brechen. Thietmar von Merseburg interpretiert die Vorgänge in Paderborn auf seine parteiliche Weise. »Da brachen alle in Jubel aus, nur trübte ihn leider die unersättliche Habgier der Bayern schwer. Zu Hause müssen sie sich wohl immer mit wenigem begnügen, in der Fremde aber sind sie fast unersättlich«.

Nach seinem Königsritt, auf dem er sich die restlichen Stämme unterwirft, trifft Heinrich II. Ende des Jahres in Regensburg ein. Jubelnd empfangen ihn die Bewohner der Stadt. Sie freuen sich, daß einer der ihren König geworden ist. »Jetzt triumphiert Bayern«, meint ein Italiener, »es dient das tapfere Franken, Schwaben beugt den Rücken«.

Heinrichs Politik hat drei Schwerpunkte. Er erwehrt sich der Polen, bereitet die Erwerbung Burgunds vor und stellt die deutsche Stellung in Italien wieder her. Reichlich nützt er dabei die Kraft der Kirche aus. Er macht ihr die Abhängigkeit vom Königtum scheinbar angenehmer. Geschickt schreitet er gegen die Verwilderung der Klöster ein. Er mahnt sie zur Askese und schöpft den Überfluß für seine kostspieligen Polenkriege ab.

Regelmäßig weilt Heinrich zwischen den Kriegszügen in Regensburg, wo ihn fast immer beunruhigende Nachrichten von den Ostgrenzen seines Reiches und aus Italien erreichen. Ostern 1007 feiert er wieder in seiner alten Residenzstadt. Er will nach Rom aufbrechen und sich zum Kaiser krönen lassen. Doch er wird abermals nach Polen gerufen. Im selben Jahr aber gründet er »das hochberühmte Bistum Bamberg und stattet es reich mit Besitzungen und Rechten aus« (Otto von Freising). Unter anderem übergibt er die Alte Kapelle von Regensburg dem neuen Bistum, dem sie bis zur Säkularisation (1803) angehört.

Tapfer vertritt die Königin, von deren Schönheit die Zeitgenossen schwärmen, ihren Gatten, wenn er im Krieg ist. Ihre Ehe ist bisweilen nicht ohne Spannungen. Heinrich, der 1014 in Rom zum Kaiser gekrönt wird, lehnt es ab, ihren Bruder Adalbero zum Erzbischof von Trier zu ernennen und »weist die dringenden Bitten seiner geliebten Gemahlin zurück« (Thietmar). Allerdings ernennt er 1004 einen anderen Bruder Kunigundes, Heinrich († 1026), in Regensburg zum bayerischen Herzog.

Zu einer heftigen Auseinandersetzung kommt es angeblich aber, als der Kaiser erfährt, daß sich seine Gattin in ein Liebesabenteuer mit einem Mönch eingelassen haben soll. Die Angeklagte muß zum Beweis ihrer Unschuld über ein heißes Eisen gehen. Verbrennt sie sich die Füße, stimmt das

Gerücht. Doch nach der entsprechenden Legende gelingt es ihr, unversehrt über die glühenden Eisen hinwegzuschreiten.

Im südlichen Querschiff der Alten Kapelle ist dieses »Pflugscharwunder« in einem Deckengemälde von Thomas Scheffler dargestellt. Im darauffolgenden Jahrhundert werden Kaiser Heinrich und seine Gemahlin heiliggesprochen. Ihre Bilder und Statuen zieren viele Kirchen, unter anderen finden wir sie im Dom, in Heilig Kreuz und in der Alten Kapelle.

In den 500 Jahren nach der Jahrtausendwende ist zwar das Reich in Regensburg nicht mehr ganz so stark repräsentiert, doch treffen Kaiser und Könige nach wie vor in der Stadt ein. Im 11. Jahrhundert gehen von hier die Böhmen- und Ungarnzüge Heinrichs III. (1017–1056) aus, der ja vor seiner Königsherrschaft mehrere Jahre bayerischer Herzog ist und als solcher zeitweise auch in Regensburg residiert. Und sofort nach dem Sieg über die Böhmen kehrt der Kaiser nach Regensburg zurück, wo sein Onkel Gebhard († 1060), ein Neffe von Papst Gregor V. († 999), auf dem Bischofsstuhl sitzt. 1052 kommt Papst Leo IX. († 1054), des Kaisers Vetter, hierher und erhebt die Gebeine des heiligen Wolfgangs. Drei Jahre später wird auf dem Regensburger Reichstag der Eichstätter Bischof Gebhard († 1057) zum Papstkandidaten gekürt. Er nimmt nach seiner Wahl den Namen Viktor II. an.

Im Jahre 1073, kurz vor dem aufreibenden Investiturstreit, verbringt dann Kaiser Heinrich IV. (1050–1106) Ostern in der Stadt, »allen verhaßt, allen verdächtig«. Wie der Chronist Lampert von Hersfeld († 1088) weiter schreibt, hat der Kaiser in Regensburg zu keinem Menschen mehr ein rechtes Zutrauen, »da auch diejenigen, die er durch intimste Vertraulichkeit an sich gefesselt hatte, beim ersten Wölk-

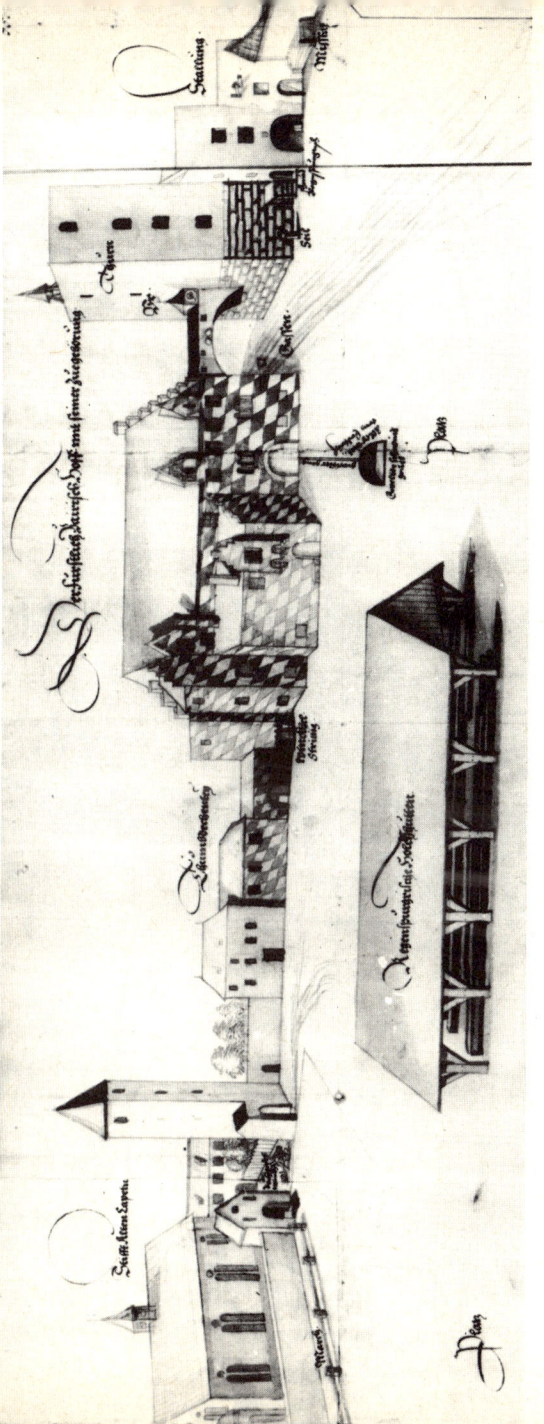

Der alte Kornmarkt im 16. Jahrhundert. Das Bild, das heute im Bayerischen Hauptstaatsarchiv in München aufbewahrt wird, zeigt links die Alte Kapelle, anschließend den Herzogshof und den Römerturm. Es ist eines der ältesten authentischen Darstellungen von Gebäuden in Deutschland.

Bruder Berthold von Regensburg (um 1220–1272). Das bisher
unbekannte Portrait befindet sich in der Handschriftenabteilung
der Bayerischen Staatsbibliothek und stammt aus dem Nekrolog
des Minoritenklosters, dem Berthold auch angehörte.

HERZÖGE IN REGENSBURG
(vom 10.–12. Jahrhundert)

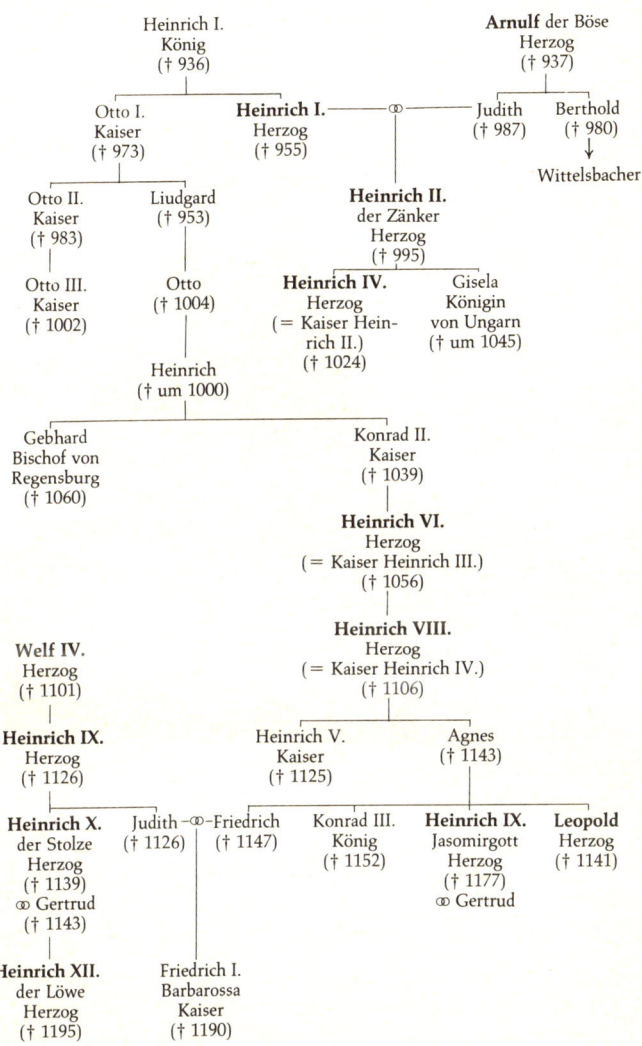

Heinrich I.
König
(† 936)

Arnulf der Böse
Herzog
(† 937)

Otto I.
Kaiser
(† 973)

Heinrich I. ———⊙——— Judith
Herzog   († 987)
(† 955)

Berthold
(† 980)
↓
Wittelsbacher

Otto II.
Kaiser
(† 983)

Liudgard
(† 953)

Heinrich II.
der Zänker
Herzog
(† 995)

Otto III.
Kaiser
(† 1002)

Otto
(† 1004)

Heinrich IV.
Herzog
(= Kaiser Hein-
rich II.)
(† 1024)

Gisela
Königin
von Ungarn
(† um 1045)

Heinrich
(† um 1000)

Gebhard
Bischof von
Regensburg
(† 1060)

Konrad II.
Kaiser
(† 1039)

Heinrich VI.
Herzog
(= Kaiser Heinrich III.)
(† 1056)

Welf IV.
Herzog
(† 1101)

Heinrich VIII.
Herzog
(= Kaiser Heinrich IV.)
(† 1106)

Heinrich IX.
Herzog
(† 1126)

Heinrich V.
Kaiser
(† 1125)

Agnes
(† 1143)

Heinrich X.
der Stolze
Herzog
(† 1139)
⊙ Gertrud
(† 1143)

Judith ⊙ Friedrich
(† 1126)   († 1147)

Konrad III.
König
(† 1152)

Heinrich IX.
Jasomirgott
Herzog
(† 1177)
⊙ Gertrud

Leopold
Herzog
(† 1141)

Heinrich XII.
der Löwe
Herzog
(† 1195)

Friedrich I.
Barbarossa
Kaiser
(† 1190)

33

chen des heraufziehenden Unwetters von ihm abgefallen seien«. Im Jahr darauf hält sich der Kaiser wieder länger in Regensburg auf. Er beabsichtigt, die bayerischen und schwäbischen Städte für sich zu gewinnen.

Zwischen 1104 und 1106 spielt sich dann in Regensburg die größte Tragödie aller deutschen Königsdynastien ab. Als Graf Sighard von Burghausen in der Stadt ein hartes Urteil spricht, kommt es zu einer Auflehnung der Dienstmannen und Bürger. Heinrich V. (1081–1125), der Sohn Heinrichs IV., sucht sie zu beschwichtigen. Doch die Regensburger dringen in das Quartier des Grafen Sighard und enthaupten ihn am 5. Februar 1104. Der kaiserliche Sohn verlangt darauf vom Vater in Regensburg strenge Bestrafung der Mörder.

Der Kaiser aber entspricht diesem Wunsch nicht und läßt die Täter straffrei. Daraufhin weigert sich der Sohn, mit seinem Vater, der seit 1080 wieder gebannt ist, zusammenzuarbeiten und sammelt seine Mannen zum Krieg gegen ihn. Der Kaiser sucht seinen Sohn umzustimmen. »Für wen hatte der frühgealterte und jetzt körperlich Leidende sein Leben lang gekämpft, wenn der Sohn ihn zwang, seine Hand zum vernichtenden Schlage gegen die eigene Dynastie zu erheben?« (Karl Hampe). Um die Fastenzeit zieht Heinrich IV. aus Regensburg wieder ab. Und er hat große Sorgen: Der alte Bann und das Heer. Immer mehr Krieger fallen von ihm ab.

Kaiser und Kaisersohn finden aber bald wieder nach Regensburg zurück. Heinrich V. verschanzt sich in der Stadt. Doch schnell vertreibt ihn der Vater »mit Hilfe der verräterischen Regensburger«, wie der Abt von Aura, Ekkehard († 1125), sich ausdrückt. Am Regen suchen dann beide mit ihren Heeren eine Entscheidung. »Damit war das Reich«, so klagt Otto von Freising, »wieder von Unfrieden zerrissen,

34

die Kampfkraft zersplittert, das Land durch Fehden verwüstet, und Vater und Sohn lagen sich am Regen feindlich gegenüber. Schon war das Feldlager errichtet, schon ordnete man die Schlachtreihen, schon wurde der Vater wider den Sohn, der Sohn wider den Vater von den Seinen zu verbrecherischem Tun aufgereizt; aber der Fluß verhinderte die schändlichen Pläne. Ach, soll man nicht weinen und klagen, wenn zu solchem Kampf die Schwerter geschärft werden, wenn die Schande des Reiches im hellsten Tageslicht der Verachtung der ganzen Welt preisgegeben wird?« Der Tod des Vaters setzt schließlich dem Drama ein Ende.

Im 12. Jahrhundert rufen dann die gekrönten Häupter Regensburg zweimal zur Sammelstelle der großen Kreuzzugsheere aus. 1147 und 1189 warten und starten hier die tapferen Reiter und Ritter, die sich zum Ziel setzen, das Heilige Land zu »befreien«. Regensburg rückt damit wieder in den Blickpunkt abendländischer Geschichte. Es gilt in diesen Jahren allgemein als Zentrum der Christenheit, denn von hier aus unterrichten die Kuriere die einzelnen Residenzen von Quantität und Qualität der ankommenden Krieger.

Regensburg ist aber nicht nur Kaiser-, sondern auch Herzogsstadt. Im Herzogshof regieren in dieser hektischen Zeit die Welfen über die Bayern. Zwanzig Jahre nach dem Tod Heinrichs IV., 1126, beginnt die Regierung Heinrichs des Stolzen (1100–1139), der den Bau der Steinernen Brücke in die Wege leitet. Die Regensburger Kaiserchronik nennt ihn einen »ehrfurchtgebietenden Fürsten«. Gleich zu Beginn seiner Regierung bittet er den gerade amtierenden König Lothar von Supplinburg (um 1075–1137) um die Hand seiner Tochter Gertrud (1115–1143). Er scheut sich nicht, an Pfingsten 1127 das knapp zwölfjährige Mädchen nach einer prachtvollen Hochzeitsfeier zu seiner Frau zu machen.

Vierzehnjährig gebiert ihm Gertrud den Thronfolger Heinrich, der später den Beinamen »der Löwe« erhält.

Um ein Haar wäre wieder ein Regensburger Herzog deutscher König geworden. Heinrich der Stolze macht sich nämlich während der gesamten Regierungszeit seines Schwiegervaters Lothar Hoffnungen auf die Krone. Da der König keinen Sohn hat, glaubt er, daß die deutschen Fürsten wenigstens ihn, seinen Schwiegersohn, zum König wählen. Als Lothar 1137 stirbt, reißt auch Heinrich sofort die Reichsinsignien an sich. Doch anstatt seiner wird Konrad III. gewählt. Heinrich der Stolze gibt jetzt zwar die Reichsinsignien heraus, weigert sich aber, dem neuen Herrscher zu huldigen, da Konrad die Auslieferung seiner beiden Herzogtümer Bayern und Sachsen verlangt. Der »Stolze« verfällt damit der Reichsacht und stirbt kurze Zeit später. Bayerischer Herzog wird der Babenberger Leopold IV. von Österreich († 1141), ein Halbbruder des neuen Königs.

Dieser Leopold ist aber in Regensburg und Bayern nicht gern gesehen. Er hält überall strenges Gericht. Deshalb kommt es bald in der Stadt zu bürgerkriegsähnlichen Zuständen. Wie Otto von Freising, der Bruder Leopolds, berichtet, rottet sich von allen Seiten das Volk zusammen. »Da greift der Herzog mit den Seinen zu den Waffen und steckt einige Straßen Regensburgs in Brand.« Daraufhin verläßt Leopold die Stadt, verwüstet ringsum die Äcker, sammelt Truppen und schlägt in der Nähe ein Lager auf, um die Regensburger einzuschüchtern. Wie es heißt, leisten ihm die Einwohner aber bald Kniefall und Tribut. Allerdings bringt ihm die Stadt kein Glück, denn wenig später erkrankt und stirbt er hier.

Nachfolger wird sein Bruder Heinrich Jasomirgott († 1177), der Gertrud, die Witwe Heinrichs des Stolzen, heiratet und

36

sich damit zu legitimieren sucht. Bereits 1156 aber tauscht Jasomirgott auf einem Regensburger Reichstag, den Kaiser Barbarossa einberuft, sein bayerisches Herzogtum gegen das österreichische ein.

Nachfolger in Regensburg ist nun Herzog Heinrich der Löwe (1129–1195), der Sohn Heinrichs des Stolzen und Gertruds. Er herrscht nicht nur in Bayern, sondern unterwirft sich große Teile des nördlichen Deutschlands. Mit Dänemark, Schweden und Rußland schließt er wie ein souveräner Fürst Verträge. Er gründet Städte wie München und Braunschweig und legt an günstigerer Stelle Lübeck neu an.

Seine Arroganz und sein Machtrausch bringen ihm aber im Norden viele Feinde. Seine Nachbarfürsten klagen auch bald bei Kaiser Barbarossa, der jedoch erst einschreitet, als sich der »Löwe« weigert, mit ihm nach Italien zu ziehen. Der Rückschlag von Legnano 1176 ärgert den Kaiser dann so sehr, daß er den »Löwen« absetzt und im Juni 1180 in Regensburg die volle Ehr- und Rechtlosigkeit der Oberacht über ihn ausrufen läßt. Gleichzeitig setzt der Kaiser die Wittelsbacher in Bayern ein.

Doch das neue Herzogsgeschlecht ist zunächst recht glücklos. Am 21. Juni 1208 ermordet der Wittelsbacher Pfalzgraf Otto den Sohn des Kaisers, König Philipp von Schwaben, in Bamberg. Im Jahr darauf wird der Königsmörder in einer Scheune bei Regensburg entdeckt und niedergestreckt. 1231 fällt dann Pfalzgraf Ludwig der Kelheimer, von 1225 an Reichsverweser, ein Vetter des Mörders Otto, auf der Kelheimer Donaubrücke einem Meuchelmord zum Opfer.

Mit dem Wechsel der Herrscherdynastie ist indirekt auch ein Hauptstadtwechsel verbunden. Von den Wittelsbachern sieht kaum noch jemand Regensburg als die bayerische Metropole an. Aber auch einige ihrer Vorgänger ziehen unter anderem wegen der dauernden Streitigkeiten mit den Bischöfen aus Regensburg ab und andere Städte vor. Als in der Mitte des 13. Jahrhunderts Regensburg dann freie Reichsstadt wird, also dem Kaiser untersteht, verliert auch formell der Herzoghof in Regensburg seine Funktion, wenngleich er noch Jahrhunderte in bayerischem Besitz bleibt.

Die Könige und Kaiser kommen aber selbstverständlich nach wie vor in ihre Stadt. Konrad III., Friedrich Barbarossa, Heinrich VI., Philipp von Schwaben, Friedrich II., Rudolf von Habsburg, Adolf von Nassau, Albert, Ludwig der Bayer, Friedrich der Schöne, Karl IV., Rupprecht von der Pfalz und Sigmund weilen und beratschlagen hier, werben für ihr Anliegen und bitten bei den reichen Regensburger Handelsherren um Kredite.

Die Patrizierherrschaft

Daß die Stadt der größte Geldgeber der meisten Monarchen ist, zeigen die alten Urkunden und Dokumente. Der Handel wirft nämlich einen unermeßlichen Gewinn ab. Und der Aufschwung beginnt bereits im 9. Jahrhundert. Um 800 schon ist Regensburg die Drehscheibe für den Slawenhandel, wenig später gar der Treffpunkt zwischen Orient und Okzident. Noch vor der Jahrtausendwende werden hier Stoffe aus Byzanz umgeschlagen, Sklavenhändler der Kalifen von Cordoba decken sich hier mit Silbermünzen ein, und hierher reisen die Kaufherren aus Skandinavien und England, weil in den Mauern der Stadt Sklaven und Sklavinnen aus dem Morgenlande und dem europäischen Osten in großer Auswahl feilgeboten werden. Regensburg ist für lange Zeit neben Venedig und Verdun der bedeutendste Sklavenmarkt Mitteleuropas.

Später erfahren wir von wirtschaftlichen Kontakten praktisch zur ganzen damals bekannten Welt. Man trifft Regensburger Kaufherren unter anderem in Paris und an den Messen der Champagne, wo die Silbermünze aufs Gramm genauso schwer ist wie die ihrige. Sie holen Tuche aus Flandern, wo sie insbesondere in Gent, Ypern, Tournai und Huy ins Geschäft kommen und benützen überdurchschnittlich häufig die Route nach Brüssel, auf der ihnen 1317 der Bischof von Speyer sicheres Geleit gewährt.

Wir wissen, daß sie in Spanien auftauchen und über Prag, Krakau und Lemberg nach Kiew und Nowgorod am Ilmensee reisen, wo ihre Münzen sehr geschätzt werden. Laut der 1191 verfaßten Marktordnung von Enns tritt der Regensburger Hansgraf dort sogar als Wortführer aller fremden Kaufleute auf.

In einer englischen Quelle ist von »pailles de Constantinoble de Regensburgh« die Rede. Nach Ungarn, dessen erste Königin Gisela eine Regensburgerin ist, werden Tuche transportiert und auf der Rückreise ungarisches Silber und Gewürz mitgeführt. Aus dem ferneren Osten schaffen die Regensburger auch später noch Sklaven herbei und verkaufen sie nach Verdun weiter. Einer von ihnen, der Jude Petashja, wagt sich 1175 sogar nach Persien und Palästina. Ja selbst zu China besteht ein indirekter Kontakt. So stammen die Heinrichsgewänder der Alten Kapelle, hergestellt im 13. Jahrhundert, aus dem Reich des fernen Ostens. Sie werden in Samarkant für osmanische Herrscher gewebt und gelangen als letztes Gut über die alte Partnerstadt Kiew, das im 13. Jahrhundert von den Mongolen erobert wird, hierher.

Daß die Regensburger etwas von Geschäft, Geld und Gewinn verstehen, bestätigen das ganze Mittelalter hindurch viele Quellen, die insbesondere auch den Reichtum der Stadt hervorheben. Schon im 11. Jahrhundert schreibt Otloh († um 1070), ein Mönch von St. Emmeram: »Keine Stadt ist berühmter. Groß ist ihr Überfluß an Gold, Silber und anderen Metallen, kostbarem Purpur und Waren aller Art«. Im Hafen legen »Schiffe aus der ganzen Welt« an. Für Otloh gibt es deshalb »keine berühmtere Stadt in Deutschland«. Wörtlich schreibt er über Regensburg: »Nichts Herrlicheres hat Deutschland«.

Eine Salzburger Chronik des 12. Jahrhunderts berichtet, daß »keine Stadt bewohnter und größer ist als Regensburg«. Für Honorius Augustodunensis († 1150), den aus Canterbury stammenden Philosophen und Theologen, ist Regensburg die einzige Stadt Deutschlands, die erwähnenswert ist. Ein Prager Schreiber bezeichnet Regensburg 1132 gar als »die mächtigste Stadt«.

Noch 1493 präsentiert der Nürnberger Arzt Hartmann Schedel (1440–1514) ein Bild von Regensburg, das an Größe so bekannte Städte wie Wien, Prag, Ulm, Salzburg und Mailand eindeutig übertrifft.

Die Stadt selbst ist von einer mächtigen Mauer umgeben. Von den fünfgeschossigen Mauertürmen, die überdacht sind, hat man einen weiten Blick auf die Umgebung, die nach den Berichten Otlohs sehr fruchtbar ist. Mauer und Türme, die mit zahlreichen Schießscharten versehen sind, sind heute weitgehend verschwunden. Doch haben sich hinter dem Ägydienplatz ein längeres Stück Mauer und ein Turm in das 20. Jahrhundert hinübergerettet.

In den reichen Kaufmannsvierteln wohnen soviel Italiener, Griechen, Russen, Tschechen und Franzosen, daß man Regensburg als die erste »international gemischte Großstadt des ganzen deutschen Raumes« (Karl Bosl) bezeichnen kann. Vornehmste Gegend der Händler ist zunächst der Kaufmannsbezirk in der Nähe von St. Emmeram, der Lieblingskirche der Hochfinanz. Dem Kloster zuliebe und ihnen zunutze reißen die Regensburger um 920 die westlichen Stadtmauern nieder und beziehen es in den neuen Mauerring ein.

Später sind der Haidplatz, der Markt (heute Kohlenmarkt), der Watmarkt und die Wahlenstraße die begehrtesten Wohnviertel. In diesen Gebieten bauen die Patrizier auch die meisten Palazzi. Selbstverständlich haben die Kaufherren auch Häuser in entlegeneren Vierteln. Außerhalb der Stadtmauern reichen ihre Besitzungen bis weit nach Wien hinunter. In der unmittelbaren Umgebung gehören ihnen in erster Linie Weinberge am Donauhang, Weiher, Mühlen und Bäder. Im vornehmen Kumpfmühl besitzen sie Villen und Palais.

Die Gebieter dieser reichen Kaufleute und ihrer Bediensteten sind zunächst Bischöfe und Herzöge, vom 12. Jahrhundert an die Kaiser und Könige. Die erste städtische Behörde unter der Krone ist das Hansgrafenamt. Der Chef dieser Institution, der Hansgraf, ist ein mächtiger Richter, der alle Marktangelegenheiten der Regensburger Kaufherren zu regeln hat. Er ist von 1184 an nachweisbar und wird von 1207 an von der Stadt selbst gewählt. Zu seinen Aufgaben gehört es unter anderem, über alle Klagen auswärtiger und einheimischer Kaufleute zu befinden, Maße und Gewichte zu kontrollieren, fremde Märkte aufzusuchen und in Regensburg das Wirtschaftsleben zu koordinieren. Da seine Urteile über Gewinn oder Verlust von sehr viel Geld entscheiden, ist sein Wort bald für die Stadt und dann individuell für die einzelnen Kaufleute von allergrößter Bedeutung.

Allmählich kristallisiert sich auch eine Ratsverfassung heraus, die 1244 abgeschlossen ist. Im selben Jahr hören wir auch von einem Bürgermeister. Am 10. November 1245 stellt dann Kaiser Friedrich II. endlich der Stadt in Pavia, dort also, wo vor knapp 700 Jahren die Regensburgerin Theudelinde über Italien regiert, die langersehnte Reichsfreiheit aus, »um die lautere Treue und Anhänglichkeit, die Ihr zu Unserer Hochwürdigkeit habt und täglich beweist, zu vergelten« (Freiheitsbrief).

Auf lange Sicht gesehen freilich ist das Trachten der Regensburger nach der Reichsfreiheit ihr gröbster und größter Fehler. Sie leben nämlich von jetzt an knapp sechs Jahrhunderte im Getto. Ringsherum ist bayerisches Gebiet. Ein eigenes Territorium kann sich die Stadt nicht aufbauen. Ihre Domäne wird zur Quarantäne.

Zunächst aber vollzieht sich in der Stadt selbst trotz des Bannes, den Bischof Sigfried († 1246) wegen der Annahme der Reichsfreiheit gegen Regensburg schleudert, eine erstaunliche Konsolidierung. Man braucht bald keine Reichssteuer mehr zu zahlen. Mit der Verfassung scheint es keine Schwierigkeiten zu geben. Erstes Stadtoberhaupt ist Bürgermeister Otto Prager (»Ottoni dicto Pragaer«), ein aus Böhmen eingewanderter Kaufherr. Von 1429 an wird der Bürgermeister, der auch Befehlshaber des Heeres ist, vom Kämmerer ersetzt.

Der Rat der Stadt besteht aus 16 Mitgliedern, die direkt von der Händleraristokratie gewählt werden und zwar in jedem Jahr. Seine Gewalt ist ziemlich groß. Ratsbeschlüsse bedürfen aber andererseits auch wieder der Zustimmung des Bürgermeisters, um wirksam zu werden.

Bürgermeister und Rat bestimmen praktisch das Leben in der Stadt. Sie beraten und verabschieden Gesetze, entscheiden über Verhaftung, Verhandlung und Verurteilung, greifen in Vermögenssachen ein, verwalten die Fragstatt und Verließe, geben Verordnungen und Maßregeln heraus, kurzum ihr Einfluß ist fast unumschränkt.

Fast unumschränkt! Regensburg ist keine Republik. Oberhaupt ist der Kaiser, der aber nur gefährlich werden kann, wenn er gerade in der Stadt oder Umgebung weilt oder wenn die Regensburger seine wenigen Anordnungen mißachten.

Propst und Schultheiß bilden die untergeordnete Judikative in der Stadt. Der Propst ist für die der Kirche zugehörigen Personen zuständig, der Schultheiß für die restlichen. Diese Ämterteilung wird jedoch 1394 durch Personalunion aufgehoben. Strafen bis zu fünf Pfund Regensburger Pfennig kann der jeweilige Schultheiß allein aussprechen, ansonsten muß ein siebenköpfiges Gremium, das Schultheißgericht (»syben hauzgenozzen«), zusammentreten. Eine Inhaftierung allerdings hat aber schon der Rat der Stadt zu genehmigen.

Wie aus den Urkunden hervorgeht, gibt es in Regensburg viel zu schlichten und richten. Die Stadt hat auch eine sehr merkwürdige Ordnung. Höchstes Gut dieser vorkapitalistischen Gesellschaft ist das Eigentum. Wer sich beispielsweise an Hab und Gut eines anderen vergreift, wird auf dem Scheiterhaufen verbrannt. Zu den Kapitalverbrechen gehören demnach Münz- und Urkundenfälschung, Landesverrat, Diebstahl, Einbruch und Überfall auf Kaufmannszüge.

Dann folgt in der Skala der Gewichtigkeit der Verbrechen die Unzucht. Dafür gibt es Gefängnis. Und wegen »unzucht und unordenlich leben« und ähnlichen Delikten »liegen« sehr viele subalterne Regensburger und Regensburgerinnen im »vanchnuzze«. Sie »liegen« darin, denn die Zellen sind zu niedrig, um darin stehen zu können. Es ist eine Barbarei erster Ordnung.

Ein Mord dagegen ist in den Augen der Patrizier lange nicht so schlimm, auch dann nicht, wenn der Getötete Mitglied ihrer eigenen Familie ist. Als beispielsweise um 1355 drei vornehme Regensburger aus reichem Hause ermordet werden, verweist der Rat die Täter für zwei bis vier Jahre aus der Stadt. Daß dieses Strafmaß für Mord und Totschlag die Regel ist, sagen die uns bekannten Urkunden aus. Konkret heißt das: Wer in Regensburg einen Bürger ermordet, muß die Stadt ein paar Jahre verlassen, wer diesem Bürger aber nur einen Pfennig stiehlt, wird sofort hingerichtet.

Allerdings meint es die Stadt mit der Verbannung, während der der Delinquent die Freiheit Regensburgs in der Regel schon arg vermißt, sehr ernst. Wer frühzeitig zurückkommt, wird mit längerem Exil bestraft. Um ja keine Unregelmäßigkeiten aufkommen zu lassen, verpflichtet der Rat seine Bürger eidesstattlich, sofort jeden anzuzeigen, der als Verbannter in den Ringmauern gesehen wird. Verschwiegenheit wird in diesem Fall hart geahndet. »Und wenn es der Fall sein sollte«, so heißt es in einer Regensburger Urkunde, »daß er in ein Haus eines Bürgers heimlich oder öffentlich kommt, er sei sein Freund oder Landsmann, arm oder reich, der soll es bei dem Eid, den er geschworen hat, dem Bürgermeister und dem Rat kundtun. Tut er es nicht, so soll er hundert Pfund Regensburger Pfennige an die Stadt abführen. Hat er die Pfennige nicht, so soll er zehn Jahre verbannt werden.«

Wie Bürgermeister und Rat die Stadt regieren, so herrscht der Patrizier in seinem Haus über die eigenen Familienangehörigen, die Nebenlinien, die Dienerschaft, das Gesinde und die Fuhrknechte, von denen es heißt, sie seien weit und breit die bestbezahltesten. Aus den Urkunden erfahren wir, daß die Patrizier über Liebe und Heirat der Kinder entscheiden, im Testament über den gesamten Besitz verfügen und allein die Preise bestimmen. Eine Tochter, mit der sich keiner vermählen will, hat nach seiner Anordnung den Schleier zu nehmen. Bevorzugt werden dabei die Klöster in

Landshut und St. Klara und Heilig Kreuz in Regensburg.

Überhaupt betreiben die Familienoberhäupter aus wirtschaftlichen Überlegungen heraus rege Heiratspolitik. Da sich ihre Kinder (ähnlich wie Romeo und Julia in Verona) oft heimlich lieben und liieren, kommen 1355 die erzürnten Bürger überein, daß in Regensburg gegen den Willen der Eltern keine Ehen mehr geschlossen werden dürfen. Wer sich nicht daran hält, »der schol zehen jar auz der stat sein«. Wie wir bereits gesehen haben, wird ein Mord lange nicht so hart bestraft. Heimat oder Heirat? Das ist deshalb für viele junge Regensburger die Alternative.

Wird aber eine Ehe nach dem Willen der Eltern geschlossen, dann werden den jungen Leuten hohe Summen versprochen, wenn sich bei ihnen innerhalb eines Jahres Nachwuchs einstellt. Die reichen Herren legen nämlich wie die Fürsten großen Wert auf den Fortbestand ihrer Dynastie. Einer der Ehekontrakte, abgeschlossen zwischen den Patriziern Karl Haller († 1351) und Heinrich Simon († um 1360), hat folgenden Wortlaut: »Ich Karl der Haller und ich Dyemut seine Hausfrau verrichten, daß wir nach dem Rat unseres Freundes Simon an der Heuport gesinnt sind und geschworen haben, unserem Sohn Michael die Tochter Simons, die Jungfrau Anna, zur Ehe zu geben. Dazu haben wir gelobt, als Heiratssteuer hundert Pfund Regensburger Pfennig zu geben. Wenn aber innerhalb eines Jahres, in dem er bei Frau Anna im Bett lag, keine Erben geboren werden, so sollen die hundert Pfund aberkannt werden«.

In der Ehe ist dann die Frau ihrem Gatten absoluten Gehorsam schuldig, den mancher Patrizier von ihr sogar über seinen Tod hinaus fordert. Viele von ihnen verbieten nämlich ihren Gattinnen, als Witwen noch einmal zu heiraten. So verlangt Matthäus Reich († 1367) von seiner Gemahlin

Agnes, daß sie bei einer erneuten Ehe, es wäre ihre dritte, das Stammhaus, den großen Palazzo an der Wahlenstraße (Kastenmayerhaus), zu verlassen habe. Hans Ingolstetter († um 1361), dessen Weinberge bis hinab nach Österreich reichen, will seiner Gattin Margarethe, einer geborenen Dürnstetter, im Falle einer erneuten Ehe von seinem gewaltigen Reichtum nur 350 Pfund Regensburger Pfennig und ihr Heiratsgut lassen. Die Frauen sind gegen solche Bestimmungen oft machtlos, denn Bürgermeister und Rat wachen über die Einhaltung der Testamente.

Überhaupt spiegeln die uns erhaltenen Testamente das Leben der Patrizier plastisch wider. Insbesondere geben sie uns über ihre verwandtschaftlichen Beziehungen und vor allem über ihre zahlenmäßige Stärke Auskunft. Danach kann man davon ausgehen, daß vom 13. bis zum 15. Jahrhundert die Oberschicht Regensburgs aus 60 bis 70 Patrizierfamilien besteht. Großteils verraten ihre Namen ihre Herkunftsorte. Da erfahren wir unter anderem von den Straubingern, Ingolstettern, Pragern, Granern, Tundorfern (aus Tundorf bei Neumarkt), den Peisingern (aus Peising bei Kelheim), den Gravenreuthern (aus Gravenreuth bei Neustadt/Waldnaab), den Dürnstettern (aus Dürnstetten bei Kelheim) und den Runtingern (aus Runding bei Cham).

Im folgenden kurze Portraits der wichtigsten Geschlechter:

Auer: Sie sind von mindestens 1287 bis 1358 die einflußreichen Propstrichter und stellen 1260, 1267 bis 1270, 1290, 1316 bis 1317 und 1330 bis 1334 den Bürgermeister. Das Stammhaus scheint am Römling zu liegen, das sie von mindestens 1287 bis 1358 besitzen. Ihr Eigentum ist auch zeitweise der westliche Teil des heutigen Thon-Dittmer-Hauses am Haidplatz. Stolz und Standesdünkel sind bei ihnen so ausgeprägt, daß sie sich mehrere Türme bauen und sich bei

Ausfahrten von 40 Pagen Geleit geben lassen. In ihrem Wappen, das noch heute an der Ostfront der Oswaldkirche und an den südlichen Glasfenstern des Domes zu sehen ist, führen sie die vierfache Mauerzinne. Die bekannteste Gestalt ist der rebellierende Friedrich († 1356), von dem später noch die Rede ist. Seine Heirat mit Agnes von Brennberg vergrößert seinen Reichtum so sehr, daß er bald zum mächtigsten Mann der Stadt wird. Er stürzt 1330 den Bürgermeister, unterstützt Kaiser Ludwig, erbaut die Oswaldkirche und ist einer der größten Geldgeber für den Dombau.

DÜRNSTETTER: Ein reiches und politisch einflußreiches Geschlecht, das wiederholt das Kammerer- und Hansgrafenamt bekleidet. Ihm gehört auch Dombaumeister Heinrich Dürnstetter, der am Ende des 14. Jahrhunderts hier arbeitet, an. Das Stammhaus der Dürnstetter steht gegenüber dem Rathaus auf dem Markt. Weiter bewohnen sie zeitweise das Heuport (von 1371 an), das Haus neben den Zants, das Auer-Haus am Römling (von 1364 an) und den Palast mit dem Goldenen Turm (von 1345 an). Im übrigen sind die Dürnstetter eine sehr große Familie, die überdurchschnittlich viel Eheabsprachen mit den Ingolstettern trifft.

FRUMOLD: Einer aus diesem Geschlecht macht sich im 14. Jahrhundert des Landesverrats schuldig. Konrad Frumold († 1339) schaufelt in der Nähe des Ägydienplatzes unter der Stadtmauer ein Tunnel, um Kaiser Ludwig das Eindringen in die Stadt zu ermöglichen. Der Rat läßt ihn darauf foltern und hinrichten. Die Frumolds wohnen unter anderem im westlichen Teil des Thon-Dittmer-Hauses und im Auer-Haus am Römling.

GRANER: Sie kommen aus Gran (Ungarn) und sind zeitweise die größten Weinhändler der Stadt, wahrscheinlich sogar des süddeutschen Raumes. Ein Otto Graner wird 1244 mit

GENEALOGIE EINES GESCHLECHTS
IM 14. JAHRHUNDERT

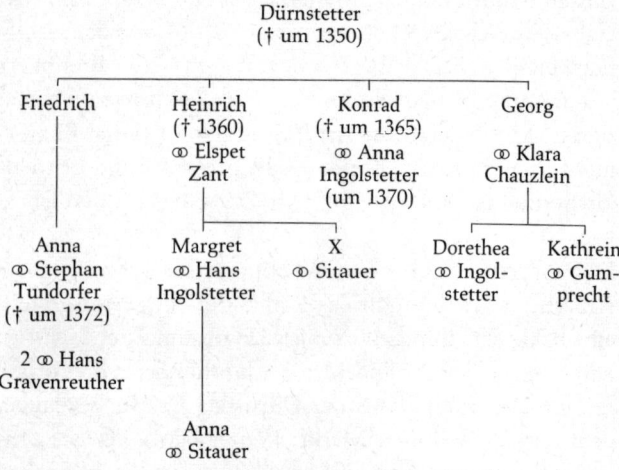

Heinrich
Dürnstetter
(† um 1350)

Friedrich	Heinrich († 1360) ⚭ Elspet Zant	Konrad († um 1365) ⚭ Anna Ingolstetter (um 1370)	Georg ⚭ Klara Chauzlein

Anna
⚭ Stephan
Tundorfer
(† um 1372)

2 ⚭ Hans
Gravenreuther

Margret
⚭ Hans
Ingolstetter

X
⚭ Sitauer

Dorethea
⚭ Ingol-
stetter

Kathrein
⚭ Gum-
precht

Anna
⚭ Sitauer

Diese Genealogie zeigt, wie sich die Patrizier (hier die Dürnstetter)
nur mit ihresgleichen ehelich verbinden.

Regensburger Bürger aus dem 15. Jahrhundert. Die Zeichnung ist im Nekrolog des Minoritenklosters (heute Bayerische Staatsbibliothek) abgebildet.

Philipp Ehrenreich Wider (1623–1684) ist einer der bekanntesten deutschen Prediger und Verfasser homiletischer Schriften im 17. Jahrhundert. Das Bild befindet sich in der Bayerischen Staatsbibliothek in München.

seiner Frau Elspet erwähnt. Im 14. Jahrhundert bekleiden sie in Regensburg das Kammereramt. Sie residieren 1363 im Heuport und 1358 im Thon-Dittmer-Haus. 1491 stirbt in Regensburg eine Elisabeth Graner, deren Grabstein mit Portrait in der Kassianskirche steht. Im Wappen führen die Graner einen schwarzen Löwen im goldenen Feld.

GRUB: Sie bewohnen das mächtige Haus hinter der Grieb 8, das 1156 einem Ulrich de Gruba gehört und wahrscheinlich bis 1327 ununterbrochen im Besitz der Familie ist. Im 14. Jahrhundert geht das Haus an die Gravenreuther über.

GUMPRECHT: Sie haben unter anderem sehr lange das Bürgermeister- und Kammereramt inne. Ihr Palast schließt an die Neue Waag nach Osten hin an. Die Kapelle darin wird von Papst Leo IX. († 1054) persönlich geweiht. Leopold Gumprecht († um 1327), der Bruder des Bürgermeisters Ortlieb Gumprecht, ist der Hoffinanzier von Kaiser Ludwig dem Bayern. Nach der Schlacht von Ampfing (1322) kommen der siegreiche Ludwig, der den Regensburger Kaufherrn einen »bescheidenen manne« nennt, und der unterlegene Friedrich von Österreich nach Regensburg und steigen bei Gumprecht ab. Sein Sohn Leopold († 1387) beherbergt ebenfalls einen Kaiser, Karl IV. nämlich, der aus Angst vor den Regensburgern aus dem Rathaus zu ihm in den Palazzo gegenüber flieht.

INGOLSTETTER: Sie wohnen ursprünglich im Baumburger Turm (Watmarkt 1), das ihr Stammhaus sein dürfte, ziehen aber 1302 in den »Pelikan« unten an der Donau, wo sie knapp sechs Generationen residieren. Um 1366 gehört ihnen kurz das Auer-Haus am Römling. Die Ingolstetter sind reiche Kaufleute und Weinbauunternehmer. Ihnen gehören nicht nur Weinhänge zwischen Wörth und Winzer, sondern auch zwischen der Wachau und Wien, so in Grinzing und Ottakring. In Wien selbst haben sie Häuser und Badstuben.

PRAGER: Ein Geschlecht, dem der erste Bürgermeister Regensburgs angehört! Otto Prager, dessen Vorfahren Böhmen sind, aber durch den Handel nach Regensburg verschlagen werden, steht der Gemeinde 1243, 1248 und 1254 bis 1255 vor. Das Geschlecht führt den Prager Igel im Wappen (noch zu sehen an der Ostwand der Oswaldkirche).

REICH: Ein Geschlecht, das seinem Namen alle Ehre macht! Die Reichs wohnen von 1341 bis 1371 im Kastenmayerhaus (Wahlenstraße), nachher im Heuport. Gottfried Reich († 1357) ist so reich, daß sogar das polnische und böhmische Königshaus bei ihm schulden. Als Pfand bewahrt er 1324 unter anderem zwei goldene Kronen und mit Gold und Perlen bestickte Samtmäntel auf. Zu seinen Schuldnern gehören neben den Herrschern auch Bischöfe und Kommunen wie beispielsweise München. Gottfrieds Neffe Ruger Reich († 1352) ist ebenfalls Hoffinanzier Kaiser Ludwigs.

RUNTINGER: Das Geschlecht, das in der ersten Hälfte des 14. Jahrhunderts nach Regensburg kommt, kauft am 9. November 1367 das Runtinger-Haus (heute Keplerstraße 1), das ehemals den Pröpsten auf Tunau zu eigen ist. Wilhelm Runtinger († 1389), einem Händler, der häufig in Prag und Venedig anzutreffen ist, gelingt es um 1350, in das Patriziergeschlecht Löbel einzuheiraten. Sein Sohn Matthäus († 1407) baut dann die Handels- und Wirtschaftsbeziehungen konsequent aus. Auch er kauft und verkauft in Venedig, wo er unter anderem kostbare Luxusstoffe des Orients und Gold auf seine Wagen am Festland verladen läßt. Besondere Beziehungen pflegt er weiter zu Bologna und Lucca. Matthäus heiratet Agnes Püttrich († um 1377), die Tochter eines Münchner Patriziers.

SARCHINGER: Diese Familie zählt neben den Ingolstettern,

Auern und Tundorfern zu den größten Mäzenen der Stadt. Gamerit († 1395), in dessen Palast die bayerischen Herzöge ein- und ausgehen, leiht dem Rat nicht nur eine gewaltige Summe, sondern stiftet das kostbare und kostspielige Westportal des Domes, wo er auch sein Wappen (zwei flammenartige Gebilde) zweimal anbringen läßt. Lautwein Gamerit († 1335), ein Domherr, gibt das Epitaph für die selige Aurelia († 1027) in Auftrag, das eine grazile junge Frau mit langem Haar und Kleid zeigt (heute St. Emmeram). Der Sarchinger selbst läßt sich zu ihren Füßen betend darstellen.

SITAUER: Sie besitzen Häuser und Türme in der Schererstraße unweit des Bürgermeisterpalastes und in der Bachgasse. 1371 kauft Peter Sitauer das Kastenmayerhaus in der Wahlenstraße. Auch das Heuport gehört dem Geschlecht zeitweise. Die Sitauer sind nicht nur erfolgreiche Händler, sondern auch Bergbauindustrielle. Die zwei gekreuzten roten Schaufeln, die sich in ihrem Wappen befinden, weisen darauf hin.

AUF TUNAU: Das Geschlecht (Wappen: Donauwellen) hat im 14. Jahrhundert das Propst- und zeitweise das Hansgrafenamt inne und wohnt im 13. Jahrhundert im »Pelikan«, zieht dann ins Runtinger-Haus nebenan und verkauft 1367 den Palast an die Runtinger.

TUNDORFER: Diesem Patriziergeschlecht gehören Bischof Leo Tundorfer († 1273), der Gründer des gotischen Domes, und ein paar stadtbekannte Mörder an. Ursprünglich wohnen sie am Watmarkt im Goliathhaus, ziehen aber bald auf den Haidplatz. Im Wappen führen sie eine Lilie.

WOLLER: Wahrscheinlich eine Familie, die ursprünglich das Wollwirkerhandwerk betreibt (Namensableitung) und im Westen der Stadt unter den Wollwirkern wohnt. Sie zieht dann auf den vornehmen Haidplatz, wo ihr die »Arch« gehört. Im Laufe der Zeit erwirbt sie unter anderem noch Paläste in der Bachgasse, am Markt und den Goldenen Turm. Das Geschlecht hat lange Zeit das Kammerer- und Schultheißamt inne. Im Wappen führt es drei schwarze Adler auf weißem Schrägbalken in rotem Feld.

ZANT: Mindestens von 1290 bis 1359 bekleiden die Zants das Schultheißamt. Als »gewaltige richter ze Regenspurg«, wie sie sich selbst bezeichnen, nehmen sie in der Stadt eine Schlüsselstellung ein. Sie wohnen ursprünglich unten an der Donau, wahrscheinlich im »Pelikan«, ziehen aber sehr früh in das Haus Gesandtenstraße 3. In ihrem Wappen führen sie einen Löwen mit zwei Stoßzähnen (Zant = Zahn).

Citta italiana

Verfassung und wirtschaftliches Management, Bau- und Lebensstil im mittelalterlichen Regensburg haben weitgehend italienische Vorbilder. Die Kontakte zum Süden sind eng und fest. Gleichsam als Symbol steht das gekreuzte Schlüsselpaar über diesen Beziehungen. Es ist nicht nur das Stadtwappen Regensburgs und das Zeichen des heiligen Petrus, des Stadt- und Dompatrons, und seiner Nachfolger auf dem päpstlichen Thron. Es ist auch das Wappen der reichen und vornehmen Mercanti, zahlreicher Prälaten und Klostervorsteher, der Hohen Schule in Bologna und der Welfen, die aus Italien kommend schon im 11. Jahrhundert als Herzöge in Regensburg residieren und regieren. Es ist schließlich das Zeichen, das die italienischen Dichter, voran Dante Alighieri (1265–1321), sehr oft als Symbol für inneren und äußeren Reichtum erwähnen, und das die Regensburger Kaufleute an den Toren und Türmen der oberitalienischen Fernhandelsstädte vorfinden, denkt man nur an Florenz, San Gimignano und Siena.

Von Regensburg aus nimmt das Schlüsselwappen dann seinen Weg nach Osten, wo es insbesondere in den Orten am Goldenen Steig, der alten Fernhandelsstraße nach Prag und am Hradschin selbst zu finden ist.

Regensburg lebt eigentlich von den Kontakten zu Italien seit seinem Bestehen. Römische Kaufleute und Krieger bringen als erste Kultur und Religion, insbesondere die Verehrung des heiligen Petrus, hierher. Dann folgen die engen dynastischen Beziehungen der hier herrschenden Agilolfinger zu den Langobarden in Cividale, Pavia und Trient und schließlich die langen Regensburgaufenthalte der römischen Kaiser, die nicht nur über Deutschland, sondern auch über große Gebiete in Italien herrschen. Es läßt sich denken, daß diese umfangreichen politischen Kontakte unweigerlich auch wirtschaftliche zur Folge haben.

Natürlich wird der Handel auch mit anderen Ländern geführt, wie wir bereits gesehen haben. Doch die Haupthandelspartner sind zweifelsohne die oberitalienischen Städte Venedig, Bologna, Florenz, Padua, Mailand und Lucca. Das Geschäft mit der Serenissima ist dabei besonders intensiv und ergiebig. Wie aus den Geschäftsunterlagen hervorgeht, rudern die Gondolieri den Regensburgern vor allem Gewürzpackungen, Seide, Schmuck und kostbare Tuche ans Festland zum Verladen in die Lastwagen. Natürlich bringt der Transport der stets begehrten Ware öfter Komplikationen mit sich. So sichert noch 1346 Herzog Stephan von Niederbayern († 1375) trotz eines Krieges den Regensburgern freie Durchfahrt venezianischer Waren durch sein Gebiet zu.

Die Hauptrolle spielen die Regensburger Kaufleute im Fondaco dei Tedeschi am Ponte Rialto, der »schönsten Stelle am Canal Grande«, wie sich der venezianische Schriftsteller Pietro Aretino (1492–1556) ausdrückt. Hier in dem unge-

53

wöhnlich großen Warenlager aller deutschen Händler, das ursprünglich sogar mit Tizianfresken geschmückt ist, führen sie den unumstrittenen Vorsitz und haben die mit Abstand größten Lagerkammern. Bevor im 14. und 15. Jahrhundert der Dogenpalast an der Piazetta San Marco erbaut wird, tagen und tafeln die Stadtherren direkt gegenüber den Regensburgern. Vor ihrer Haustür entsteht somit eine bedeutende Nachrichtenbörse, die es den Regensburgern ermöglicht, schnelle und gründliche Informationen über Politik, Preise und Pleiten in Europa zu erlangen und gegebenenfalls in die Donaustadt weiterzuleiten.

Im Fondaco selbst (der Palazzo brennt 1505 nieder, wird aber sofort wieder aufgebaut) kontrollieren die Regensburger Kaufleute praktisch den gesamten Nordlandhandel. Ihr Wappenschild, das gekreuzte Schlüsselpaar, nimmt den vornehmsten Platz an der Stirnseite des Konferenzsalons ein.

Als die Nürnberger im 14. Jahrhundert den Regensburgern den ersten Platz zu entreißen versuchen, kaufen die Donaustädter auf einmal so viel Waren ein, wie die Nürnberger nicht im Laufe eines Jahres abnehmen. Zudem wird im Gegensatz zu den Nürnbergern gleich bezahlt. Doge und Dominio von Venedig sind von der Finanzkraft der Regensburger so beeindruckt, daß sie sie weiter privilegieren und ihnen ausdrücklich ihre Wertschätzung mitteilen lassen.

Am Ende des Jahrhunderts kommt es erneut zu Spannungen mit den Nürnbergern. Den Regensburger Kaufmann Matthäus Runtinger († 1407) überkommt so sehr der Zorn, daß er mit seinem Handstock auf die Nürnberger zugeht und -schlägt. Regensburg erhält noch einmal den Vorsitz im Fondaco.

Venezia in Regensburg. Aus der großen Repräsentanz in

der Serenissima resultiert natürlich auch die Vorliebe für venezianische Lebensart. Bei den großen Feiern und Festen tragen die vornehmen Regensburgerinnen ins Haar geflochtene Golddrähte, die ihre Männer neben Ohr- und Goldringen am Rialto erwerben. In ihren Garderoben hängen »welsche Hemden«, sechs- bis achtfache Schleier, mit Perlen und Goldstücken bestickte Scharlachgewänder und Gürtel mit vergoldeten Buchstaben. Sie schlafen in »flaumfedernen Betten«, die mit feinsten venezianischen Stoffen überzogen sind.

Einen Eindruck von Prunk und Pracht der Garderoben gibt uns ein Regensburger Gobelin, der um 1400 entsteht und heute im Bayerischen Nationalmuseum in München hängt. Die Männer tragen kostbare Gewänder und prächtige Hüte, die schlanken und grazilen Damen fußlange Kleider mit verschiedenen Mustern. Im Nekrolog des Minoritenklosters sind rund 50 Jahre später Regensburger abgebildet, die ebenfalls bunte, mit Borten verzierte lange Gewänder anhaben. Ihr Haar ist schulterlang und gekraust. Die Damen tragen weiße Kopftücher und sind mit bunten Röcken und Mänteln bekleidet.

Zu Hause in den Palazzi zwischen Haid- und Domplatz schmücken venezianische Decken die Tafel. Besteck und Geschirr stammen in den meisten Fällen ebenfalls aus der Lagunenstadt. Hauptgetränke sind Met und Wein. Der Rebensaft kommt meistens aus den oberitalienischen Anbaugebieten, freilich auch aus Österreich und von den Winzerer Höhen. Er wird aus »silbrein pechern«, die großteils aus Venedig stammen, getrunken.

Wie überall, so wirft auch in Regensburg der Weinhandel, vor allem der mit Italien, den meisten Profit ab. In Regensburg betreiben ihn zeitweise die fünf reichsten Kaufherren. Immerhin berichten die italienischen Quellen, daß sich die extravaganten venezianischen Schmuck- und Stoffstücke neben den Fürsten eigentlich nur diejenigen Kaufherren leisten können, die in ihren Großtransporten in erster Linie Weinfässer mit über den Brenner führen.

Neben den Venezianern schätzen und schützen aber Regensburger Handelsaktivitäten auch die Signorien in Bologna, Lucca und anderen Städten. So stellen die Bologneser den Regensburgern eigene Unterkünfte bereit, die Luccheser gewähren ihnen bis in die Ebene nach Pisa hinunter Geleit, und die Stadtherren in Padua und Treviso kümmern sich wiederholt um ausgeraubte Kaufherren und Konvois.

Auffallend ist auch, daß Regensburg in der Regel die nördlichste Station der italienischen Rotelboten ist, die Jahr für Jahr die letzten Nachrichten aus den heimatlichen Klöstern und Rathäusern bringen und die neuesten Preisentwicklungen notieren, um sie zu Hause in den Kontoren und Klosterdepots bekanntzugeben.

Selbstverständlich lernen die Regensburger sehr schnell italienisches Management kennen. Ähnlich wie in Lucca, der alten Seidenspinnerstadt, wo nach Dantes Worten »jeder betrügt«, um zu Reichtum zu kommen, oder wie in San Gimignano, der Safranmetropole, wo die Wucherzinsen eine solide Grundlage der dortigen Prosperität sind, blüht auch in Regensburg das unreelle Geschäft. In den gotischen Palästen zwischen Dom und Donau sind Jahreszinsen von 120 Prozent gang und gäbe.

Der Wucher muß so florieren, daß die Künstler der Schottenkirche St. Jakob, ähnlich wie ihre Kollegen in anderen Fernhandelsstädten, zu den Personen, denen der Himmel versperrt ist, auch den Wucherer, dargestellt mit einem Geldbeutel (altes italienisches Symbol, das auch bei Dante eine Rolle spielt), zählen. Ein anderer Regensburger Meister malt um 1480 einen Kaufherrn, der mit seinem roten Geldbeutel in der Hölle schmort. Das Bild hängt heute im Städtischen Museum.

Natürlich wird auch fleißig geschmuggelt. Die Venezianer protestieren zwar laufend gegen die Zollvergehen der Regensburger. Doch ohne Erfolg! Allein 1343 werden die beiden Kaufherren Altmann und Konrad »wegen unterlassener Vorzeigung des mitgebrachten Geldes« arretiert und angezeigt. Die ausgesprochenen Strafen der venezianischen Signoria werden allerdings häufig wieder zurückgenommen, will sie sich es doch mit den kauffreudigen Regensburgern nicht verderben. Unnachsichtiger sind da schon die Böhmen, die die Regensburger, die sie beim Goldschmuggel ertappen, ohne viel Aufhebens ins Gefängnis werfen.

Es ist auch üblich, daß sie den heimischen Ämtern wegen der Steuern ihren Umsatz nicht exakt angeben. So lassen sich aus einem alten Inventar, dem sogenannten Runtingerbuch, Fälschungen und Manipulationen größeren Ausmaßes herauslesen. Der Kaufmann Wilhelm Runtinger († 1389) beispielsweise gibt nur zwei Drittel seines Vermögens an und spart damit erheblich an Steuern und Abgaben.

Eine weitere Quelle der Prosperität ist in Regensburg die Manufaktur. Auch auf diesem Gebiet suchen die Kaufleute am Haidplatz, Watmarkt und Markt den Anschluß an die oberitalienischen Kommunen zu erreichen. Immerhin gelten verschiedene Regensburger Stoffe wie Scharlach und Barchent als so vornehm, daß sie der Cluniazenserabt Peter Venerabilis (um 1094–1156) seinem Kloster verbietet. Auch ist für Wolfram von Eschenbach (1170–1220) der Regensburger Zindal, ein leichter Seidenstoff, ein überall anerkannter Qualitätsartikel. In einigen altfranzösischen Gedichten und Liedern werden schließlich Regensburger Seidenstoffe überschwenglich gerühmt.

Trotzdem ist die Stadt in erster Linie eine Händlersiedlung, was vor allem an der Bevölkerungsstruktur festzustellen ist. Regensburg hat schon im 11. Jahrhundert etwa 10000 Einwohner. In den folgenden 300 Jahren verdoppelt sich die Zahl. Etwa 60 bis 70 Patrizier sind darunter. Diese Zahl ist ziemlich identisch mit den pompösen Palästen der Stadt.

Verglichen mit den oberitalienischen Städten haben wir es hier mit einer sehr auffallenden Relation zu tun. Während nämlich in Regensburg auf einen Patrizier etwa 350 Personen der Mittel- und Unterschicht kommen, lautet beispielsweise die Relation in Florenz 1:570 und in Bologna 1:450, was allein schon andeutet, daß hier die Zahl der Handwerker nicht ganz so groß ist wie in den Städten jenseits der Alpen. An Einwohnerzahl, Bedeutung, Stadtfläche und Bevölkerungsstruktur ist Regensburg am ehesten mit San Gimignano zu vergleichen, der idyllischen, auf einem toskanischen Bergrücken gelegenen Stadt, deren Türme heute noch eine eindrucksvolle »Skyline« bilden.

Wie sehr sich aber trotz dieser strukturellen Unterschiede die wirklichen Probleme gleichen, zeigen die verschiedenen Aufstände. Die Patrizier sind hier wie dort die wahren Stadtherren. Doch gerade ihre Uneinigkeit und die Auseinandersetzungen mit den aufrückenden Schichten rufen in Regensburg wie in den italienischen Städten scharfe Kontroversen hervor.

Nehmen wir den Aueraufstand in Regensburg, der von 1330 an ganz nach italienischem Vorbild abläuft. Die Regensburger kennen nicht nur die Querelen zwischen Welfen und Waiblingern in den oberitalienischen Kommunen, sondern ebenso die Rebellionen von 1262 in Mailand, 1276 in Mantua, 1287 in Arezzo, 1288 in Pisa, 1310 in Venedig, 1313 in Triest, 1318 in Padua, 1319 in Volterra, 1328 in Lucca usw. Sie wissen darüber hinaus natürlich auch um die ständigen und ständischen Auseinandersetzungen in ihrer großen Schwesterstadt Florenz.

So sind auch die Ähnlichkeiten mit dem Aueraufstand nicht verwunderlich. Was passiert? Das angesehene und reiche Geschlecht der Auer initiiert am 7. Mai 1330 im Einvernehmen mit 37 Bürgern, darunter dem Hansgraf, und zusammen mit »allen hantwerchlaeuten« ein Komplott gegen den amtierenden Rat, der nachweisen soll, »wo der stat gut hinchomen waer«. Es wird also ein Rechenschaftsbericht gefordert.

Am 24. Juli erweitert sich das Bündnis auf 201 Personen, am 6. September auf 209. Elf Tage später treten die Schultheißen Stephan und Albrecht Zant in »gantzer freuntscheft« den Auern »mit allen seinen gesellen« bei. Der Rat, der gegen die Tumulte ohnmächtig ist, muß einlenken.

Bereits am 15. Januar 1331 ist Bürgermeister Berthold († 1356) seines Amtes enthoben. Jetzt schalten und walten recht willkürlich Friedrich Auer († 1356) und sein Bruder Carl († um 1353). Doch die Reaktion bleibt nicht aus. Am 25. Mai 1332 beschwören zwar noch einmal 42 angesehene Bürger das Bündnis und bekunden, sich mit den Auern »mit gantzer freuntschaft und mit rehtten triwen« vereint zu haben. Doch schon 1334 werden die Auer aus der Stadt vertrieben. Über Einzelheiten dieser Aktion sind wir nicht informiert.

Am 7. Oktober 1334 beschließen Rat und Gemeinde, daß »wir furbas nimmermer« einen Einheimischen oder einen Fremden, der mit einer Regensburgerin verheiratet ist, zum Bürgermeister wählen. Und auch dies entspricht echt italienischer Praxis. Lange vor dem Putsch in Regensburg ist es in den oberitalienischen Städten üblich, den Podesta (Bürgermeister) aus der auswärtigen Schicht der Feudalherren zu berufen. In der Regel muß er mehrere Meilen weit weg wohnen. In Regensburg holt man im folgenden Jahrhundert nach dem Aueraufstand seine Bürgermeister aus Laber, Ergoldsbach, Reicheneck, Ehrenfels, Satzenhofen, Winzer, Steinach, Abensberg, Wernberg, Heideck und Wolfstein.

Der erste ist Hadamar von Laber († um 1380), der Vater des berühmten gleichnamigen Dichters. Wie seine Vorgänger residiert auch er im Palast an der Schererstraße, dem heutigen Ölberg. Das Gebäude, das längst der Spitzhacke zum Opfer fiel, ist luxuriös ausgestattet und kostet im Unterhalt enorm viel Geld, genausoviel wie das Rathaus, wo sich ganz nach italienischem Muster auch das Hauptgefängnis befindet. Gerade die Regensburger Folterkammer, die einzige original erhaltene mittelalterliche Fragstatt Deutschlands, und die kleinen Verliese, aus denen es kein Entrinnen gibt, finden sehr viel Parallelen in den italienischen Kommunen, deren barbarischste Erfindung das Gefängnis mit den Bleikammern und den ebenerdigen Schächten östlich des Dogenpalastes in Venedig ist.

Aber nicht nur Bleikammern und grausame Foltermethoden schlagen auf dem Importkonto der Regensburger Rats- und Kaufherren zu Buche. Auch das Stadtbild selbst ist auf weite Strecken eine Kopie der italienischen Handelsstädte.

Markantestes Zeichen Regensburgs sind auch heute noch die Palazzi und Torri, die die Kaufleute in Venedig, Bologna, Lucca, San Gimignano und Florenz sehen und sie in auffälliger Häufigkeit um die Mitte des 13. Jahrhunderts in ihrer Heimatstadt imitieren. Die Höhe der Türme soll wie in Bologna, wo die steinreichen Asinelli 1109 sogar einen Hundertmeterturm errichten lassen, vom Ansehen und Reichtum des jeweiligen Geschlechts zeugen. Vom Beschluß der Städte Florenz und San Gimignano, die Höhe der Türme zu beschränken, hält man in Regensburg nichts. Jeder soll so hoch bauen, wie er kann.

Hartmann Schedel aus Nürnberg überliefert uns in seiner »Weltchronik« (1493) ein Bild von der »gedechtnus wirdigen« Stadt, die von zahlreichen Türmen beherrscht wird. Die 35 aufgeführten Patriziertürme, in Wirklichkeit sind es weit mehr, sind im Gegensatz zu Kirchen- und Stadtmauertürmen ohne Spitzdach. Ein anderer Nürnberger, Hans Sachs (1494–1576), spricht 1512 von den »herrlich hohen Häusern« Regensburgs und den »Türmen den Bergschlössern gleich«.

»Bis in luftige Höhen wie steilaufragende Burgen sind diese Häuser gebaut: Königen stünden sie an.« So schwärmt der Dichter Kaspar Brusch (1518–1559) von Regensburgs Palästen. Von allen Städten »an Donau, Saale und Elbe« werde seiner Meinung nach die Stadt »mit Recht turmreich wahrhaftig genannt«.

Michael Ostendorfer (1494–1559) ist derjenige, der uns als erster das Stadtbild fast originalgetreu vorführt. Schon 1543 erscheinen in seiner »Apokalypse« (heute Städtisches Museum) Patriziertürme, 1557 aber sticht er ein imposantes Stadtbild, das der Wirklichkeit sehr nahe kommt, ebenso nahe wie 1767 der Stich des Frankfurter »neugierigen Passagiers auf Reisen durch Deutschland«.

Allerdings herrscht in den italienischen Städten der Wehrturm vor. In Regensburg entsteht mehr, wenn auch nicht ausschließlich, der Typus eines Zier- und Repräsentationsturmes mit gotischen Fensternischen und Loggien zur Straßenseite hin. Während die italienischen Kaufherren ihre Bauwerke fast immer mit Schießscharten versehen, sind diese in der Donaustadt nur vereinzelt zu finden. Auffallend ist weiter, daß die Regensburger Türme solider gebaut sind. Schiefe Türme, wie man sie beispielsweise in Bologna, Venedig, Pisa, Modena und Ravenna antrifft, gibt es in der Donaustadt nicht.

Höchstwahrscheinlich krönen auch die Regensburger ihre Türme mit Steineichen. Alte italienische Bilder zeigen uns, daß die Torri oft mit riesigen Bäumen abschließen. Auf dem Turm Guinigi von Lucca wächst zum Beispiel heute noch eine Eiche.

Entsprechend erinnern in Regensburg auch ruhige Innenhöfe mit Loggien und Ziergeländern (zum Beispiel: Neue Waag, Heuport, Lerchenfelder Hof, Goldener Ritter, Thon-Dittmer-Haus) genauso an Italien, insbesondere an Bologna, wie die zahlreichen Lauben. Die Regensburger Urkunden sprechen von »irchlauben«, »lederlauben« und von einer Gasse »Unter den Lauben«, Straßenbezeichnungen also, die in Italien gang und gäbe sind. In Venedig zeichnen die Kaufleute sogar die eleganten Fensterbögen der dortigen Palazzi ab und lassen sie in ihre Häuser (zum Beispiel: Heuport, Arch) und ins Rathaus einbauen.

Ähnliche Parallelitäten auf dem Gebiet der sakralen Kunst! Da stellen die Kunsthistoriker erstaunliche Duplizitäten in der Kreuzgangarchitektur fest. Weiter weist der Ostchor von St. Emmeram stilmäßig nach S. Apollinare Nuovo in Ravenna, die Emmeramer Krypta nach S. Apollinare in Classe. Schließlich erinnert Karl Bosl noch an die im Krieg zerbombte Obermünsterkirche, »deren Kunst von italienischen Elementen mitgeprägt war«.

Ganz Italien ist aber die Allerheiligenkapelle an der Nordseite des romanischen Doms (heute im Hof des Domkreuzganges). Es handelt sich hier um eine Imitation italienischer

Baptisterien, wie beispielsweise der Taufkapelle der Arianer in Ravenna. Den kleinen Zentralbau läßt der Regensburger Bischof Hartwich II. († 1164), der mit Kaiser Barbarossa († 1190) auf Feldzügen in Italien weilt und in Regensburg fast immer einen Löwen mit sich herumführt, zu seiner Begräbnisstätte bauen. Die Fresken im Innern des Rundbaus veranschaulichen das Allerheiligenfest.

Der in Deutschland um diese Zeit einmalige Typus des fünfbeinigen Altars der Allerheiligenkapelle ist auch in und um Modena nachweisbar.

In Regensburg ist auch der Campanile beheimatet, der alleinstehende, vom Kirchbau etwas abseits gelegene Kirchturm, wie er im Süden in der Romanik die Regel ist. Heute noch stehen die Campaniles von St. Emmeram, der Alten Kapelle und der Obermünsterkirche. Der Turm der Emmeramskirche wird zwischen 1575 und 1579 zwar neu gebaut. Er hat aber einen romanischen Vorgänger, den uns 1536 Hans Mielich (1516–1573) in seinem Bild »Vanitas« (Städtisches Museum) überliefert.

Wie die großen italienischen Dome hat auch der Regensburger seine eigene große Zentraltaufkapelle. St. Johann, der neben dem St.-Peters-Dom dem Täufer geweihte Sakralbau, ist im Mittelalter zunächst ein reines Baptisterium und nicht wie heute eine eigene Kirche. Es liegt genau wie in Italien auch vor dem großen Hauptportal des Doms.

Nach Italien weisen auch die Chorfenster der Minoritenkirche, die sich heute im Bayerischen Nationalmuseum in München befinden. Sie sind ganz von den Werken des Florentiners Giotto (um 1266–1337), des Begründers der neueren italienischen Malerei, durchdrungen.

Auch die Ährenmadonna, die im 14. Jahrhundert im Mailänder Dom ihren Platz erhält, kommt plötzlich nach

Regensburg (ein Exemplar aus der Zeit um 1415 hängt heute im Städtischen Museum), und aus Florenz und Padua erreichen die Donaustadt noch Jahrhunderte vor der Reformation Höllenbilder, die zeigen, daß auch die Geistlichkeit vor der ewigen Verdammnis nicht verschont bleibt.

Und schließlich noch die bildlichen Darstellungen der Heiligen Schrift, die ihre Herkunft aus Italien nicht verleugnen können. Man denkt unwillkürlich an St. Zeno in Verona, sieht man die »Biblia pauperum« (15. Jahrhundert), also die Bibel der leseunkundigen Armen, oder die entsprechenden Wandmalereien in der Dominikanerkirche, deren Innenschmuck auch noch sehr stark an St. Fermo Maggiore in Verona erinnert.

Ja selbst in und nach der Renaissance betrachten die Regensburger den italienischen Stadtstaat noch als ihr Vorbild. So sehen sie in Florenz immer wieder Davidplastiken und -gemälde, jenes Motiv, das unter anderem Michelangelo (1475–1564), Donatello (1386–1466), Andrea del Castagno (um 1420–1457), Andrea del Verrochio (1435–1488) und Cosimo Roselli (1439–1507) fasziniert. Es gilt bei ihnen als Symbol der Freiheit der Stadt. In Regensburg erhält der Salzburger Maler Melchior Bocksberger (um 1540–1589) den Auftrag, die Davidszene am Tundorferhaus anzubringen. Das einzige, wenn auch oft renovierte Fresko, das von ihm noch erhalten ist!

Neben David tauchen plötzlich auch Justitia und Neptun in der Stadt auf. Die Regensburger sehen in Florenz wiederholt den von Bartolomeo Ammannati (1511–1592) geschaffenen und vor dem Palazzo Vecchio aufgestellten Neptunsbrunnen und die 1581 von Francesco del Tadda (1497–1583) verfertigte Justitia-Statue (Piazza S. Trinitate). Die entsprechenden Imitationen im Innenhof des Rathauses und am Haidplatz gehören heute noch zu den Schmuckstücken der Stadt.

Vereinzelt sind in Regensburg selbstverständlich auch Bauelemente aus anderen Ländern zu finden. Besonders Frankreich liefert noch viele Vorbilder. So ist der Dom eine typische Variante der französischen Kathedralen. Insbesondere erinnert der Innenraum an Chartres, die Ausstattung an Reims und Notre Dame in Paris. Das Radfenster an der Westseite von St. Ulrich ist vom Entwurf her gesehen eine glatte Imitation des großen Stirnfensters der Kathedrale von Laon.

In die andere Himmelsrichtung weist dagegen die Buchmalerei des Klosters Prüfening, die sich im 12. Jahrhundert bewußt an byzantinische Vorbilder hält. Auch die Wandmalereien in der Kirche, die um 1130 entstehen, kommen aus Richtung Orient, nehmen allerdings einheimische Motive in das Malprogramm mit auf.

Einer der merkwürdigsten Imitationen aber ist das Türmchen der Dominikanerkirche. »Ich gedachte in deme Oriente zu seyn«, schreibt im 17. Jahrhundert ein österreichischer Diplomat nach Hause nach Wien. In der Tat, betrachtet man den Turm vom südlichsten Punkt des Kreuzganges aus, so hat man ein Minarett vor sich.

Literarische Hochburg

Der gewaltige Reichtum der Kaufherren und die Präsenz der Kaiser und Herzöge zieht eine kulturelle Blüte ersten Grades nach sich. Man kann ohne Übertreibung sagen, daß Regensburg im Mittelalter eine Kulturstadt europäischen Ranges ist, gleich Paris, Köln, Venedig oder Gent.

Die Steinerne Brücke gilt allerorten als Weltwunder. Sie wird unter anderem in Avignon und Prag (Vorgängerin der

Karlsbrücke) nachgebaut. Der Duomo ist auf eine Höhe von 160 Meter projektiert und soll alles bisher Dagewesene in den Schatten stellen, die Türme der Patrizier sind die höchsten nördlich der Alpen. Allein im Stadtgebiet entstehen 20 romanische Kirchen, von denen die meisten heute noch ganz oder teilweise stehen. Man zählt weit über hundert Kapellen und zehn Kreuzgänge, die zu den schönsten in Deutschland gehören, denkt man nur an die von St. Emmeram und des Minoritenklosters.

Die Portale von St. Peter und St. Jakob, die Krypten von St. Emmeram, die romanischen Wandmalereien in St. Georg in Prüfening und in der Allerheiligenkapelle, die Plastiken in St. Peter und St. Emmeram (Portal), die Buchmalereien des Klosters Prüfening, die heute in ganz Mitteleuropa verstreut sind, und das Uta-Evangelistar, das im Auftrag der Äbtissin Uta von Niedermünster († 1025) gemalt wird und als das bedeutendste Werk der abendländischen Buchmalerei seiner Zeit gilt, gehören zu den großen europäischen Schöpfungen des Mittelalters.

Genauso imposant sind die Leistungen auf dem geisteswissenschaftlichen Sektor. In der Stadt wird geschrieben und gedichtet wie kaum anderswo. Geistiger Mittelpunkt ist zunächst St. Emmeram, das nicht nur zu Prag, sondern auch zu den französischen und italienischen Klöstern und last not least zu Fulda, einem anderen kulturellen Zentrum Deutschlands, rege Beziehungen unterhält. In Fulda sprechen schon um 775 die Quellen äußerst wohlwollend von den Bayern. »Dumm sind die Italiener, klug sind die Bayern«, heißt es in den entsprechenden Dokumenten.

In der ersten Hälfte des 9. Jahrhunderts wird in den Zellen von St. Emmeram der »Muspilli« geschrieben, ein Traktat über die letzten Dinge dieser Welt:

»Da entbrennen die Berge,
kein Baum bleibt stehen,
nicht einer auf Erden,
die Wasser trocknen aus,
das Moor versiegt,
zu Lohe schwelt der Himmel,
der Mond fällt,
der Erdkreis brennt,
kein Stein steht mehr fest,
wenn der Sühnetag ins Land fährt,
die Menschen heimzusuchen:
Da kann kein Verwandter dem andern
helfen vor dem Muspilli«.

Der »Muspilli« (vielleicht mit »Weltuntergang« zu übersetzen) ist damit das Gegenstück zum »Wessobrunner Ge-
bet«, das den Zustand vor der Erschaffung der Erde beschreibt und wahrscheinlich am Ende des 8. Jahrhunderts in
St. Emmeram verfaßt wird, dann aber als Geschenk nach
Wessobrunn kommt, das im Wappen genau wie Regensburg auch das gekreuzte Schlüsselpaar führt. Andererseits
gelangen zwei der wertvollsten frühmittelalterlichen
Handschriften nach St. Emmeram: der verschwenderisch
ausgestattete Codex Aureus, der um 870 vollendet wird,
und die Schriften der ersten deutschen Dichterin, der Roswitha von Gandersheim (geb. um 935).
Im 11. Jahrhundert machen dann Wolfger von Prüfening
und die drei Emmeramer Otloh, Arnold und Hartwic von
sich reden. Wolfger schreibt kurze Jahrbücher, die sogenannten Regensburger Annalen, und Viten des Bamberger
Bischofs Otto I., des Begründers von Prüfening, und des
Metzer Bischofs Dietger.
Hartwic, der in Frankreich, wahrscheinlich in Chartres,

studiert, schreibt über die Künste und die Dialektik. Arnold (geb. um 1000), sein Mitbruder, ist ein typischer Vertreter der monastisch-asketischen Weltanschauung. Seine Helden werden nur gelobt und gepriesen, da er sie zum Vorbild empfehlen will. Daneben berichtet er noch viel über die Situation der Regensburger Kirche.

Otloh von St. Emmeram schreibt leidenschaftlich Handschriften ab und zieht sich dabei ein böses Augenleiden zu. Er bearbeitet fünf Heiligenviten. In der Regel bemüht er sich dabei, zwischen Dichtung und Wahrheit zu unterscheiden.

Doch mindestens in einem Fall werden er und sein Kloster diesem Grundsatz untreu. Die dauernden Übergriffe der Regensburger Bischöfe auf St. Emmeram versucht man mit einer List abzustellen. Man erfindet einen Roman und scheut sich nicht, Kaiser- und Papsturkunden zu fälschen. So behaupten um die Mitte des 11. Jahrhunderts die Emmeramer plötzlich, daß in ihrem Kloster der Leib des heiligen Dionysius entdeckt worden sei. Den Sarg, so erklären sie, habe einst Kaiser Arnulf heimlich in St. Denis gestohlen und in sein Lieblingskloster, dem er soviel Wohltaten angedeihen ließ, gebracht. Zur selben Zeit bringen sie in der Vorhalle ihrer Kirche auch eine Dionysiusfigur an, die zu den ersten Bauplastiken Europas gezählt wird. Der Respekt, den sie sich mit diesen Aktionen erhoffen, bleibt allerdings aus.

Noch vor 1090 schreibt ein Anhänger Kaiser Heinrichs IV., des Gebannten, in Regensburg Annalen in Reimprosa. Genau um diese Zeit werden auch die ersten uns bekannten Liebesbriefe in Regensburg verfaßt. Kanonissinnen der Stadt sind es, die erotische Zeilen an galante Herren richten. Sie stehen insbesondere mit einem Freund in Lüttich in Verbindung.

Und auch im 12. Jahrhundert entstehen viele bedeutende Werke. 1128 schreibt Paul von Bernried († um 1150), den Kaiser Heinrich IV. aus Regensburg vertreibt, eine umfassende Biographie des Papstes Gregor VII. († 1085). Genau zur selben Zeit verfaßt Honorius Augustodunensis in Regensburg zwei Weltchroniken.

Um die Jahrhundertmitte wird in der Stadt die Kaiserchronik, das erste Geschichtswerk in deutscher Sprache und die erste abendländische Chronik in Versen, vollendet. Autor ist höchstwahrscheinlich ein Regensburger Geistlicher. In diesem Werk werden die Bayern als besonders tapfer geschildert. Regensburg wird neben Jerusalem und Rom am häufigsten genannt.

Um dieselbe Zeit schreibt der irische Mönch Marcus im Nonnenkloster St. Paul die Vision des Tungdalus, eines nordischen Ritters, nieder. Marcus will selbst gehört und miterlebt haben, wie Tungdalus während einer Erstarrung seines Körpers im Jahre 1149 von einem Engel ganze drei Tage durch Himmel und Hölle geführt wird.

Das erste naturwissenschaftliche Werk in deutscher Sprache überhaupt, ein Buch über Gesteine, und ein Traktat über Kräuter werden im Kloster Prüll geschrieben.

In Prüfening verfaßt der Mönch Botho († um 1170) ein Marienlob. Er sieht im Traum die Muttergottes, wie sie die Wände der Prüfeninger Marienkapelle entlangwandelt, die Malereien genau prüft und der Klostergemeinde dankt. Um 1180 wird im Schottenkloster die Lebensgeschichte des heiligen Marian geschrieben.

Im 12. Jahrhundert übersetzt weiter der Pfaffe Konrad (»Ich haize der phaffe Chunrat«) in Regensburg das Rolandslied, das die Taten Karls des Großen und seiner Vertrauten in Spanien in fast tausend Zeilen besingt und zu seiner Zeit als Aufruf zum Kreuzzug gewertet wird.

Neben Aachen wird in diesem Werk von allen deutschen Städten nur Regensburg genannt. Die Geschichte handelt unter anderem von Madelger, einem Schmied »in der stat zu Regensburch«, der für den bayerischen Herzog ein Wunderschwert anfertigt, mit dem viele »Heiden« getötet werden. Doch über einen Verräter kommt die Waffe in den Besitz der Feinde, die ihrerseits viele Christen vom Leben in den Tod befördern. Die Bayern (genannt: die stritegen = die Kampflustigen), deren Hauptstadt Regensburg ist, schildert uns Pfaffe Konrad als »tapfere Helden«, die man im Kampf stets »in der vordersten Linie« sieht. Er behauptet von ihnen: »Denn nie gab es tapferere Männer«. Ihre Waffen sind »scharfe Schwerter«. Ihr mutiger Herzog, »der ziret wol Beirland«, wird von Karl dem Großen im Kampf in letzter Sekunde gerettet.

Ein wehmütiges Minnelied dichtet um 1170 ein Burggraf von Regensburg. Ein Mädchen bekennt, daß es mit großer Liebe einem Ritter »untertan« ist. Es schwärmt von ihm und wehrt sich dagegen, daß man ihm den Liebsten nimmt. Der Geliebte freut sich nach dem kalten Winter auf ein Zusammentreffen mit seiner Angebeteten. Blumen und Sommerfreude symbolisieren beider Sehnsucht. Doch als er seine »Fraue« in die Arme schließen will, verscheuchen ihn ihre Hüter. Das Mädchen denkt an vergangene Liebesstunden in trauter Zweisamkeit und seufzt über seine Lage:

> »Nun heißen sie mich meiden,
> Einen Ritter, den ich mag.
> Wenn ich daran nur denke,
> Wie ich so herrlich lag
> Verhohl'n in seinen Armen,
> Das tut mir richtig weh.
> So schwer ist es zu scheiden.
> Mein Herz muß es bestehn«.

Kurze Zeit später verfaßt der Regensburger Domherr Hugo von Lerchenfeld († um 1217) die »Annales Ratisbonensis«. Er macht Auszüge aus älteren Aufzeichnungen und fügt für die Jahre 1174–1197 eine selbständige Fortsetzung hinzu. In ein Pergamentbüchlein trägt er unter anderem geistliche Betrachtungen, Abhandlungen über Sonnen- und Mondfinsternisse und Witterungskunde ein. Interessant sind auch seine Notizen über geographische und historische Merkwürdigkeiten. Sensationell ist aber, daß in dieser Handschrift Lerchenfeld als erster Deutscher nicht mehr römische, sondern schon arabische Zahlenzeichen gebraucht.

Übel ergeht es dem Minnesänger Reinmar von Brennberg († 1276), einem bischöflichen Dienstmann, der von seinem Bruder, einem Kanonikus, ermordet wird. Reinmar schreibt die Geschichte der »Herzmäre«, die davon erzählt, wie einem gefangenen Helden das Herz aus dem Leibe geschnitten und dem geliebten Mädchen zum Essen verabreicht wird.

Im selben Jahrhundert wirkt Bruder Lamprecht (geb. um 1215) in Regensburg. Er, der lebenslustige Knappe, dem Frauenschönheit über alles geht, kommt bald in die religiöse Gedankenwelt. Übereilig tritt er in den Minoritenorden. Seine Maxime ist das Maßhalten, das jedem Menschen den rechten Weg weise. Lamprecht beobachtet aber, daß sich viele Mädchen und Frauen nicht von seinen Gedanken, sondern von ihren Gefühlen leiten lassen. Er schwärmt von einer Vermählung zwischen der menschlichen Seele und Gott. Um 1240 übersetzt er das »Leben des heiligen Franziskus«, zehn Jahre später dichtet er das mystische Werk »Die Tochter von Syon«.

Um 1235 entsteht in Regensburg das Gudrunepos. Es schildert das Schicksal der Königstochter Gudrun und ihrer

Mutter Hilde. In der Erzählung begegnet uns ein Ludwig, der mit dem erst kürzlich (1231) ermordeten Bayernherzog Ludwig dem Kelheimer identisch ist. Ludwigs Burg wird »Kassiane« genannt, eine Anspielung auf die Regensburger Kassianskirche, die einzige Süddeutschlands. Auch der Name »Frideschotten« weist auf das Regensburger Schottenkloster, das 1225 ein Friedensprivileg für Flüchtlinge erhält.

Einer der fleißigsten Schriftsteller seiner Zeit und der erste deutsch schreibende Naturhistoriker überhaupt ist der Regensburger Domherr Konrad von Megenberg (um 1309–1374), der in Erfurt und Paris studiert, anschließend nach Avignon an den päpstlichen Hof reist und schließlich zum Rektor der Schule bei St. Stephan in Wien bestellt wird.

Von Wien aus reitet er dann nach Regensburg, wo er am Grab des heiligen Erhard Heilung von der Gicht zu finden glaubt. Da er tatsächlich wieder gesund wird, läßt er sich hier nieder. Er wird Pfarrer von St. Ulrich und erlangt daraufhin eine Domherrenstelle. 1342 verspricht er, Kaiser Ludwig dem Bayern treu zu dienen. 15 Jahre später reist er im Auftrag des Klosters St. Emmeram abermals nach Avignon, um sich für dessen Rechte bei der Kurie einzusetzen.

Doch mit seinem Versprechen an den Kaiser, dem Erzfeind des Papstes, nimmt es Konrad von Megenberg nicht sehr genau. Er steht entschlossen auf der Seite der Päpste. 1337 feiert er in seinem »Planctus ecclesiae in Germania« den Papst als das »Staunen des Weltalls«, als »einzige Sonne der Welt« und als »Öffner und Schließer des Himmels«. Er streitet wider die kaisertreuen William von Occam († 1349) und Marsilius von Padua († 1342), die sich beide in München am Hofe Ludwigs des Bayern aufhalten. 1354 verfaßt er eine Schrift gegen Occam, in der die ganze Schärfe persönlicher und sachlicher Art gegen den verhaßten Bettelmönch Occam zum Ausdruck kommt. Im gleichen Jahr erscheint die bedeutendste theoretische Abhandlung Konrads, die 253 Kapitel umfassende »Oeconomia«. Auch in ihr sind scharfe Attacken auf William von Occam zu lesen. Er lehnt gleichzeitig die modernen Theorien der Bettelmönche ab.

Höchste Bedeutung kommt Konrads naturwissenschaftlichen Büchern zu, die den Autor als einen wahren Kenner der Materie ausweisen. Schon als Kind beobachtete er in den Wäldern seiner Heimat das Verhalten der Tiere. Sein »Buch der Natur«, das zwischen 1349 und 1350 in Regensburg entsteht, liegt zwar einer Schrift des Dominikaners Thomas von Cantimpré zugrunde, doch Konrad von Megenberg arbeitet es gründlich um und fügt viele eigenständige Beobachtungen hinzu. Er berichtet mit der ihm eigenen sprachschöpferischen Kraft vom Körper der Menschen, von der Erde, den Planeten, den Naturereignissen, Tieren, Pflanzen, Steinen usw. Allerdings ist er noch dem Aberglauben verhaftet, wagt es aber manchmal, über ihn zu spotten.

1348 erscheint seine »Deutsche Sphära«. Es handelt sich dabei um das erste populäre Handbüchlein mit Aufsätzen über Physik und Astronomie. Konrad schreibt auch Biographien über den heiligen Erhard, den heiligen Dominikus und den Evangelisten Matthäus. Daneben beginnt er mit einer Geschichte der Regensburger Bischöfe, die bis zum Jahre 1296 reicht. Er beschäftigt sich weiter mit religiöser Erbauung, philosophiert über das Marienpreis, die Gnadenwirkung der heiligen Messe und geht in einem seiner letzten Werke auf die Pfarrgrenzen Regensburgs ein.

Am 11. April 1374 stirbt Konrad fast 65jährig in Regensburg. Seinem Wunsch gemäß wird er in der Niedermünsterkirche neben dem von ihm zeitlebens verehrten heiligen Erhard beerdigt. Ein Glasfenster im Chor des Domes zeigt sein Bild.

Weitere literarische Zeugnisse aus Regensburg: Erst vor wenigen Jahrzehnten hat man einen Liebesbrief aus der zweiten Hälfte des 14. Jahrhunderts gefunden. Ein fremder Mann schreibt seiner »herzenslieben minniglichen Fraue«, wahrscheinlich einer Regensburgerin: »In meinem Herzen seid Ihr verschlossen,/Darinnen müßt Ihr gehauset sein,/ Für immer bis ans Ende mein.«

Aus einer Regensburger Handschrift ist uns auch die lustige und lockere Erzählung von »Aristoteles und Fillis« bekannt. Der jugendliche Alexander der Große verabredet sich mit einem jungen hübschen Mädchen namens Fillis zu einem Rendezvous. Doch Alexanders Lehrer Aristoteles verrät seinen Schüler beim Vater und hofft seinerseits auf ein Stelldichein mit dem hübschen Geschöpf. Er bietet Fillis für jede Nacht »goldes zweinzig mark« an, die aber stellt zur Bedingung, daß er sich einen Sattel auf den Rücken legen läßt und sie auf allen Vieren durch den blühenden Garten reitet. Fillis macht sich einen Riesenspaß. In der Handschrift heißt es dazu:

> »Wunder wirket Weibes List
> ir schmeichen und ir zarten
> ir lagen und ir warten
> ir sprechen und ir singen
> ir tanzen und ir springen
> ir weinen und ir lachen
> die kunnen alles machen.«

Als Aristoteles genug geritten wurde, springt die zauberhafte Fillis von seinem Rücken und spottet ihn aus. Aristoteles zieht sich daraufhin zurück und schreibt ein großes

Buch über die Listen und Laster der schönen Frauen. Die Szene ist auch auf einem Regensburger Teppich (um 1360), der 50 Liebesbegegnungen darstellt (heute im Städtischen Museum), zu sehen. Die schlanke Fillis, angetan mit einem langen hellgrünen schulterfreien Kleid, sitzt auf dem mit rotem Talar bekleideten Aristoteles. In der Rechten hält sie die Zügel, in der Linken schwingt sie die Peitsche.

Wolfram von Eschenbach ebenbürtig ist für die Literaturwissenschaftler der Minnesänger Hadamar von Laber († 1354). Sein Vater und sein Sohn, die beide ebenfalls Hadamar heißen, sind über längere Zeit Bürgermeister von Regensburg. Der Dichter Hadamar, ein Parteigänger Kaiser Ludwigs des Bayern, schreibt ein Buch über »Jagd und Buhlschaft«, das davon erzählt, wie man sich an Hirschen und verliebte Herzen heranpirscht.

Einige Jahrzehnte später werden in Regensburg noch eine Geschichtsabhandlung und eine Regensburger Stadtchronik verfaßt. Ein Büchlein über Regensburg beginnt mit der Feststellung, daß Rom, Wien, Köln und Regensburg die ersten vier Städte der Welt seien. Eine andere Schrift handelt von Irland und den in Regensburg begrabenen Iren.

In der ersten Hälfte des 15. Jahrhunderts schreibt Andreas von Regensburg († um 1438) sein großes Geschichtswerk. Er besucht in Straubing die Schule und tritt 1401 ins Stadtamhofer Augustinerkloster St. Mang, »am fuess der prukken«. Vier Jahre später erhält er in Eichstätt die Priesterweihe. Von da an arbeitet er unermüdlich an seinen Geschichtswerken, die ihm bald den Ruf eines »bayerischen Livius« einbringen. Seine Methode: Er fragt alle Besucher Regensburgs, Diplomaten, Kaufleute, Boten, ja sogar Zigeuner, nach ihren Erlebnissen. Laut Sigmund Riezler erinnert er »schon an die Betriebsamkeit moderner Journalisten«.

Eine nicht unbedeutende, wenn auch keine so überragende Rolle wie beispielsweise Cluny, Gorze oder Hirsau, spielt Regensburg auf dem Gebiet der monastischen Bewegung. Bischof Wolfgang († 994) scheitert zwar mit seinen Reformbestrebungen in Ober- und Niedermünster, verhilft dafür aber St. Emmeram zu einer Blüte ohnegleichen. Er hebt nämlich im Jahr 975 die Personalunion von Bischof und Abt ganz einfach auf. Dabei bevorzugt er die Bischofswürde und tritt den Abtstuhl an seinen Trierer Freund Ramwold († 1000) ab.

Ramwold, schon siebzigjährig, bringt die Reform des Klosters Gorze in die Donaustadt. Als er fast hundertjährig verstirbt, hat er St. Emmeram wieder zu einem der angesehensten deutschen Klöster gemacht. Seine Mönche werden unter seiner Regierung auf die Abtstühle von Tegernsee, St. Peter in Salzburg, Seeon, Weltenburg und Prüll geholt. Kurz nach seinem Tod beruft man aus dem Emmeramer Konvent den Mönch Tagino († 1012) zum Erzbischof von Magdeburg und Poppo († 1047) zum Erzbischof von Trier.

Einer der Emmeramer aber bringt das Reformmönchtum 70 Jahre nach Ramwolds Tod zum Tragen wie kein zweiter deutscher Mönch. Es ist Wilhelm von Hirsau, der um 1026 in oder bei Regensburg geboren wird. Schon kurz nach seinem frühen Klostereintritt schließt er sich den asketischen Mönchen an und widmet sich fast allen Sparten der Wissenschaft. Er beschäftigt sich in St. Emmeram mit Fragen der Musik, Philosophie, Astronomie und Mathematik. Nicht zu Unrecht wird ihm das berühmte Astrolabium (Städtisches Museum), mit dem man die Tageszeiten und den Stand der Sterne bestimmen kann, zugeschrieben.

1068 bitten ihn dann Abgesandte des Grafen von Calw nach Hirsau, wo er die Leitung des Klosters übernehmen soll. Nach anfänglichen Schwierigkeiten richtet er sein Kloster nach der strengen clunyazensischen Ordnung aus. Auch greift er in die großen kirchenpolitischen Auseinandersetzungen der Zeit ein. »Durch drei Mißbräuche«, so betont er, »hat unsere Kirche in Deutschland schwere Einbußen erlitten: weil man einmal bei der Erhebung von Bischöfen entweder nur auf den Adel der Geburt Gewicht legte, welcher doch an und für sich gar keinen Wert hat, oder weil einzig der Geldsack den Ausschlag gab; drittens weil persönliche Würdigkeit, auf welche doch alles ankommt, gar nicht berücksichtigt wurde«. Scharf ist darauf die Reaktion seiner Gegner.

Wilhelms Kloster ist aber bald so überfüllt, daß er sich zu einem Neubau und zu zahlreichen Neugründungen in der näheren und weiteren Umgebung entschließt. Hirsau wird so »zum Haupt einer ganzen Gruppe ähnlich gerichteter Klöster« (Karl Hampe). Höhepunkt der Entwicklung ist die Einweihung der großen Basilika mit ihrer bahnbrechenden Form.

Mit Wilhelm befreundet ist der heilige Ulrich von Zell († 1093). Beide kennen sich seit ihren Kindertagen. Ulrich wird 1029 in Regensburg geboren. Sein Vater ist ein wohlhabender Kaufmann. Nach vergeblichen Versuchen, in Regensburg ein Kloster zu gründen, verteilt er sein reiches Erbe, reist nach Rom und tritt 1061 als Mönch in das Kloster Cluny. Kaiser Heinrich III. und Kaiserin Agnes sind seine Gönner.

Zusammen mit Ulrich von Zell verläßt Meister Gerald († 1077), der Vorstand der Regensburger Domschule, seine Heimat, um nach Rom zu pilgern. Nach einem anschließenden Aufenthalt in Cluny ruft ihn der Papst, verleiht ihm die Würde eines Kardinalbischofs von Ostia und schickt ihn als päpstlichen Legaten nach Deutschland, wo er 1074 in Nürnberg mit Heinrich IV. verhandelt.

»Einer der größten Geister des deutschen 12. Jahrhunderts«, ist nach Ansicht von Karl Bosl der Propst Gerhoh von Reichersberg (1093–1169), der in St. Mang die Ideen eines Berengar von Tours verkündet, »der allen Reformbewegungen bis zu Luther mit seiner Forderung, daß simonistische Priester unwürdig die Sakramente spendeten, die auch gesellschaftlich zündende Parole gibt«.

Die Einführung der Hirsauer Schule in Bayern und Regensburg ist aber dem ersten Abt von Prüfening, Erminold († 1121), zu verdanken. Das Kloster geht auf den Bamberger Bischof Otto I., einen Andechser, zurück, der 1108 den Regensburger Reichstag Kaiser Heinrichs V. besucht und seine Zelte vor der Stadt aufschlägt. Wie die Überlieferung besagt, träumt Otto von einer langen Leiter, deren Spitze in den Himmel reicht. Als er erwacht, befiehlt er, an der Stelle seines Nachtlagers eine Kirche, das spätere Kloster Prüfening, zu erbauen, das sogleich mit Gütern der Alten Kapelle ausgestattet wird. Als ersten Abt holt er den Hirsauer Mönch Erminold, der 1114 in Regensburg eintrifft.

Sofort realisiert Erminold in der Donaustadt das Reformmönchtum. Doch er hat zunächst die größten Schwierigkeiten mit dem Kloster St. Emmeram, auf dessen Grund Prüfening steht. Der Emmeramer Abt Reginhard († 1124) ist nämlich mit der Neugründung überhaupt nicht einverstanden. Er schließt die Prüfeninger mit einem tiefen Graben ein. Erminold bewegt die Emmeramer aber schließlich doch zum Nachgeben.

Zu einem viel ernsteren Zwischenfall kommt es aber 1118. Erminold verbietet nämlich dem gebannten Kaiser Heinrich V., sein Kloster zu besuchen. Als der Bamberger Bischof Otto dem Kaiser sein von ihm gegründetes Kloster zeigen will, eilt Erminold beiden entgegen und bittet sie umzukehren. Vorher hat er die Prüfeninger Mönche aufgefordert, ihre Zellen aufzusuchen, die Türen fest zu schließen, keine Glocken zu läuten und sich still zu halten, bis er wieder kommt. Der Kaiser zieht ab, ohne das Kloster gesehen zu haben. Sein und Ottos Bildnis (romanische Wandmalereien) zieren noch heute den Altarraum der Kirche, die am 12. Mai 1119 feierlich eingeweiht wird.

Mit der strengen Zucht, die Erminold in Hirsau kennenlernt und in Prüfening einführt, macht er sich aber auch Feinde. Einer seiner Mönche ist sogar so böse auf ihn, daß er ihn im Kloster zu Tode prügelt. Am Heiligdreikönigstag 1121 »gibt Erminold als ein Martyrer seinen Geist auf«. Der Regensburger Bischof Hartwich († 1126) läßt ihn mitten in der Kirche begraben. Im 13. Jahrhundert wird dann Erminold zu Ehren eines der reifsten Hochgräber Deutschlands gemeißelt. Der Künstler, dessen Namen wir nicht kennen, ist auch der Schöpfer der Verkündigungsgruppe im Dom.

Mitten in der Minoritenkirche steht das Epitaph des bekanntesten Predigers des Mittelalters, Berthold (um 1220–1272). Der gebürtige Regensburger, der sich den Minoriten der Stadt anschließt, unternimmt große Vortragsreisen, die genau in die kaiserlose Zeit fallen. Wir treffen ihn 1253 am herzoglichen Hof in Landshut und im Jahr darauf im Rheinland und in der Schweiz. In Winterthur weigert er sich zu predigen, weil die Stadt seiner Meinung nach einen ungerechtfertigt hohen Zoll erhebt. 1259 weilt Berthold, den sein eigenes Kloster »perhtoldus magnus« nennt, in Pforzheim. In den Jahren 1261 und 1262 predigt er in Österreich, Mähren, Böhmen und wahrscheinlich sogar in Ungarn. Öfter bedient er sich eines Dolmetschers, damit ihm auch die fremdsprachigen Zuhörer folgen können.

Trotz vielen zeitgenössischen Lobes sind seine Predigten teilweise allerdings übertrieben und einseitig. Wie alle Massenprediger versteht er einzuschüchtern, zu vereinfachen und eingängig zu formulieren. Was er sagt, wirkt eher beleidigend als helfend. Da werden Frauen geschimpft, die an unpassenden Kalendertagen Kinder bekommen, die sich schminken, die mehr als einen Tag verreisen oder ihrem Mann nicht gehorchen wollen.

Zur selben Zeit wie Berthold wirkt im Regensburger Minoritenkloster David von Augsburg († um 1272) als Novizenmeister. Er ist der Verfasser mehrerer mystisch-asketischer Schriften.

Genauso bekannt wie Berthold ist der Dominikaner Albertus Magnus († 1280), dessen Name aber im Gegensatz zum Minoriten Berthold an allen europäischen Hohen Schulen einen wohlklingenden Namen hat. Er ist es nämlich, der den christlichen Schulen ein philosophisches System von noch nie dagewesener Spannweite gibt. Seine biologischen, mineralogischen und geographischen Forschungen sind so enorm, daß er als einziger Philosoph den Beinamen »der Große« (Magnus) erhält. In Dantes »Göttlicher Kommödie« ist er einer der ganz wenigen, die von den sonst so »gefräßigen Teutonen« rühmend erwähnt werden. Sein bedeutendster Schüler ist Thomas von Aquin (1225/26–1274), der zusammen mit seinem Lehrer den großen europäischen Scholastikern zugerechnet wird.

Wiederholt weilt Albertus Magnus in der noch jungen Reichsstadt, bevor er 1260 zum Bischof von Regensburg geweiht wird. Lange bleibt er allerdings auch diesmal nicht. Zwei Jahre nach der Ernennung gibt er der Kurie sein Amt zurück. Man kann davon ausgehen, daß er sich auf dieses bischöfliche Intermezzo nur einläßt, um mit der damit verbundenen unverlierbaren Episkopatswürde sein wissenschaftliches Arbeiten abzusichern.

Bei den Regensburger Dominikanern wirken nach Albertus noch drei bedeutende Mönche. Berthold von Moosburg († 1361) ist um 1327 Lesemeister. Seine umfangreichen Kommentare auf dem philosophischen und theologischen Sektor sind für die damaligen Gelehrten von großer Bedeutung. 1335 verläßt der Mönch Regensburg in Richtung Köln, wo er Lesemeister wird.

Ebenfalls im Dominikanerkloster ist Johann Herolt († 1468) anzutreffen. Seine weitverbreiteten homiletischen Handbücher sind begehrte Hilfsmittel für die Kanzelredner seiner Zeit. Wenig später entwirft Peter Schwarz (1434 – um 1483) im Dominikanerkloster Predigten gegen die Juden, die 1475 in Eßlingen in Buchform (»Traktatus Contra Judaeos«) erscheinen. 1481 beruft ihn die Budapester Universität zu ihrem Rektor.

Einer der großen Regensburger Mönche ist schließlich noch der Augustiner-Eremit Berthold Puchhauser (1365 – um 1437), von 1404 bis 1415 Professor und Dekan an der Wiener Universität, von 1419 bis 1427 Ordensprovinzial und von 1435 an Vikar des Ordensgenerals. Seine noch erhaltenen Konstanzer Konzilspredigten weisen ihn als einen Vertreter der Kirchenreform aus.

Trotz großer Leistungen werden die Mönche in Regensburg aber nie so richtig ernst genommen. Für den bischöflichen Stuhl sind sie reine Erfüllungsgehilfen. Leisten sie Widerstand, werden sie kurzerhand kaltgestellt. »Der mag ein Mönchlein bleiben, der hier das Schwert nicht schwingt, ein Mann war er nie«. Diese Worte legt der Pfaffe Konrad, der in der Stadt das Rolandslied übersetzt, einem kriegerischen Bischof in den Mund.

»Es«, so meint Konrad von Megenberg, »gibt Mönche, deren Bäuche sind wahre Bacchuskannen, sie schmausen und prassen ohne Maß, das macht ihren Bauch zur angeschwollenen Drüse. Es herrscht der Ämterschacher. Die Kutte will sich sogar nicht vor dem Laster scheuen und ist eine Landplage«. Noch deutlicher wird der große bayerische Geschichtsschreiber Aventinus, der die Bettelmönche als »faul und gefräßig« hinstellt, sie »Esel und Narren« tituliert. Sie seien Besserwisser, »die also tyrannisch mit Gewalt herrschen«, den Leuten »Märlein« erzählten und dumm seien.

Ende und Wende

(1450–1648)

Die letzte große Kulturblüte

Renaissance in Regensburg. Die Stadt steht in der zweiten Hälfte des 15. und im größten Teil des darauffolgenden Jahrhunderts noch einmal kurz im Mittelpunkt Deutschlands. Hier verfaßt Friedrich Gerhart († 1463) das erste deutsche Algebrabuch. Hier wetteifern die besten Maler und Gelehrten des Reiches. Keine Geringeren als Berthold Furtmayr, Albrecht Altdorfer, Hans Mielich und Michael Ostendorfer von den bildenden Künsten und die Mitglieder der berühmten Dombaumeisterdynastie Roritzer wohnen in den Mauern der Stadt.

Neben ihnen existiert noch ein Zirkel von Philosophen, Chronisten und Historikern, der in Deutschland einmalig ist. So hat keine Stadt im Reich soviel gewichtiges historisches Material aus dieser Epoche vorzuweisen wie Regensburg. Die Reihe der Gelehrten beginnt mit Ulrich Onesorg († 1491), der Chroniken der Kaiser und Päpste und eine Geschichte der ersten bayerischen Missionare verfaßt, und führt über Konrad Celtis und seinen Schüler Johannes Turmair (genannt Aventinus) zu Christoph Hoffmann (Erythropolitanus Tubertinus), Andreas Räsel (Raselius), Christoph Welser, Weihbischof Peter Krafft und Lorenz Hochwart bis zum Kartäusermönch Franz Grienewald († 1626), dessen Wirken bereits in den Dreißigjährigen Krieg hineinreicht. Am aufschlußreichsten sind aber die Tagebücher des Vikars der Alten Kapelle, Leonhard Widmann (um 1490–1557), der das Stadtgeschehen von 1511 bis 1543 und von 1552 bis 1555 genau aufzeichnet.

Aber auch politisch ist in Regensburg etwas los. Von 1503 bis 1509 tagt das Reichskammergericht in der Stadt. Weiter finden hier berühmte Reichstage statt. Aber vielleicht am wichtigsten einzuschätzen ist, daß man im Jahr 1505 den Regensburger Johannes Musauer († nach 1511), den die Venezianer einen »klugen deutschen Kaufherrn« nennen, noch einmal zum Konsul aller deutschen Handelsleute im Fondaco dei Tedeschi bestimmt. Ein letzter Prestigeerfolg gegenüber den Kaufherren Nürnbergs und Augsburgs, die den Regensburger allerdings schon 1508 ablösen.

Selbstverständlich wird hier weiter fleißig gemalt, denkt man nur an die herrlichen Fresken in der Ulrichskirche oder an das von Albrecht Altdorfer ausgemalte Bad im Bischofshof (heute Städtisches Museum), das zu den größten und besten Renaissancewerken Deutschlands gehört. Wir wissen weiter, daß der Salzburger Freskenmaler Bocksberger das Altdorfersche Werk dann fortführt und den Bischofshof »in und außen zieret«, wie der große Regensburger Chronist Raselius berichtet.

Vor allem arbeitet Bocksberger aber am Alten Rathaus »samt zwaien thurmen«, das nach den Worten eines Besuchers aus Schwerin »ganz tapper myth gulden stuckenn unde andern schönen tapeten uthstaffiret« ist. »Nit ain claine Zier« ist nach Fertigstellung der Außenarbeiten das Rathaus für einen Regensburger Chronisten.

Nach den noch erhaltenen Farbskizzen (heute im Städtischen Museum) zu urteilen, haben die Traktate schon ein imposantes Aussehen, das seinesgleichen in Deutschland sucht. Bocksberger bemalt sie unter anderem mit mythologischen und alttestamentlichen Szenen.

In diesem Rathaus am Markt haben auch Aventin und Altdorfer, die beiden Spitzenvertreter im Kreis der europäischen Kulturschaffenden, zu tun. Beide wissen, daß sie sich auf Stadt und Rat, die ihnen die Freiheit zu ihrer Höchstentfaltung bieten, verlassen können.

Noch ist in den Mauern ein Rest von Liberalität, was Aventinus 1528 veranlaßt, von Abensberg nach Regensburg zu übersiedeln. Er wird kurz vorher, wie er in sein Tagebuch einträgt, »ob evangelium« in Abensberg verhaftet, auf die Fürsprache von wichtigen Persönlichkeiten, wie beispielsweise des herzoglichen Kanzlers Leonhard von Eck (um 1480–1550), jedoch bald wieder aus der Haft entlassen. Eiligst zieht er nach seiner Freilassung donauabwärts nach Regensburg.

Aventinus, der 1477 als Gastwirtssohn in Abensberg geboren wird, prangert insbesondere die Versäumnisse und Missetaten der weltlichen und kirchlichen Macht an, wie es seine Zeit überhaupt nicht gewohnt ist. Die Reaktion bleibt auch nicht aus. Die bayerischen Herzöge verbieten die Publizierung seiner Werke, die Kirche beschimpft ihn bei jeder sich bietenden Gelegenheit. Noch im 18. Jahrhundert behaupten Regensburger Geistliche, daß er auf dem Kirchhof von St. Emmeram, wo er begraben liegt, zur Nachtzeit vom Teufel mit eisernen Ketten geschlagen wird. Sie selber seien Zeugen dieses Spektakels gewesen.

Aventinus ist der erste bedeutende Historiker Deutschlands, der, wie er selbst erzählt, »auf fünfzehn hohen Schulen gewesen ist«, sich den Strapazen von ausgedehnten Forschungsreisen unterzieht, tausende von Exzerpten anfertigt und schließlich ein Geschichtswerk (»Baierische Chronik«) vorlegt, das zum Besten gehört, was seit der Römerzeit in Deutschland erschien. Er schreibt seine Sache, »wie sie sich zugetragen und begeben hat, gründlich auf das kürzeste, niemand zu Lieb noch zu Leid, wie der Historiker Brauch ist«.

Mit seiner Sprache allein setzt er sich schon ein Denkmal. Er kann spannend erzählen, der Stil ist flüssig und was ihn vor allem auszeichnet: er findet eine Synthese zwischen großer Weltgeschichte, persönlichen Erfahrungen und der Lokalgeschichte. Seine Charakteristik der Bayern ist inzwischen klassisch geworden. Der Typ, den er zu Beginn des 16. Jahrhunderts in Regensburg definiert, ist heute noch in den ländlich strukturierten Gebieten Altbayerns zu finden: »Das bayerische Volk ist geistlich, schlicht und gerecht; es geht und läuft gern auf Kirchfahrten, zu denen es auch reichlich Gelegenheit hat und legt sich mehr auf den Ackerbau und das Vieh, als auf den Krieg, dem es nicht viel nachläuft. Es trinkt sehr, erzeugt viel Kinder, ist etwas unfreundlich und eigensinnig, weil es nicht oft hinauskommt, sich gern daheim aufhält, wenig Hantierung treibt und fremde Länder ungern aufsucht. Tag und Nacht sitzt der gemeine Mann beim Trunk, schreit, singt, tanzt, kartet, spielt, trägt sich bewehrt mit Schweinsspießen und langen Messern, hält große und überflüssige Hochzeit, Totenmahl und Kirchtag. Aber er ist ehrlich und unsträflich, gereicht keinem zum Nachteil, kommt keinem zum Übel.«

Aventinus setzt mit seinem Werk Direktiven für die Geschichtswissenschaft, die heute noch gelten, beziehungsweise wieder entdeckt werden. Seine leidenschaftslose Auswertung der Quellen ist für alle Geschichtsschreiber der große Leitstern, sein sozialwissenschaftlicher Aspekt führt direkt zu dem großen bayerischen Historiker Karl Bosl, der wie er Geschichte auch vom Standpunkt des kleinen Mannes aus, des Beherrschten also, sieht.

Am 9. Januar 1534 stirbt Aventin. Von einigen Freunden wird er auf dem Friedhof von St. Emmeram begraben. Das

Renaissanceepitaph mit seinem Portrait (Vorhof von St. Emmeram) gehört zu den schönsten Denkmälern dieser Zeit. Sein Freund Johann Theilenkäs († 1563) ist der Stifter der Steinplatte.

Aventin hat in der Stadt viele Freunde. Neben Theilenkäs ist vor allem Christoph Hoffmann (um 1465–1534) aus Rothenburg ob der Tauber zu nennen. Auch er betätigt sich historisch. Er geiselt zwar wie Aventin die Laster der Mönche, der Geistlichen und Stiftsfräulein von Ober- und Niedermünster, bleibt aber der Kirche treu und schimpft arg auf Luther. Zu seinen Werken gehören ein »Chronicon Generale«, eine Klosterchronik von St. Emmeram und eine Geschichte der Regensburger Bischöfe und Äbte von St. Emmeram. Zwei Jahre nach Aventin stirbt hier der gelehrte und gescheite Regensburger Dompropst Christoph Welser (1480–1536), der aus der gleichnamigen Augsburger Kaufmannsdynastie stammt.

Aventins Lehrer in Ingolstadt, Konrad Celtis (1459–1508), weilt ebenfalls lange in Regensburg, wo er sämtliche Bibliotheken durchforscht. Unter anderem entdeckt Celtis in St. Emmeram die Schriften der Roswitha von Gandersheim aus dem 10. Jahrhundert, auf denen er Randbemerkungen und Korrekturen anbringt, wie heute noch zu sehen ist.

Bester Freund von Celtis ist der Regensburger Domherr Johann Tollkopf († 1503), ein begabter Dichter und Mathematiker und einer der ersten Humanisten Deutschlands. Tollkopf, bei dem Celtis logiert, macht mit seinem Gast nicht nur zahlreiche Ausflüge in die Umgebung Regensburgs, wo sie in den Dorfwirtshäusern zechen, sondern durchforscht ebenfalls gerne alte Bibliotheken. Begraben ist Tollkopf, genau wie Welser auch, im Regensburger Domkreuzgang.

In Rom und Paris, Wien und Köln bekannt und geschätzt

87

ist der Orientalist, Astronom und Sprachwissenschaftler Johann Albert Widmannstetter (um 1506–1557), Verfasser von über 500 Büchern, einer kleinen Gelehrtenbibliothek also. Er, der 1527 nach Italien zieht, wird Sekretär des Papstes Clemens VII. (1475–1534) und hält im Vatikan Vorträge über das Copernikanische Weltsystem, wofür ihn der Heilige Vater reichlich beschenkt.

1539 wird Widmannstetter, der sich den Gelehrtennamen Lucretius zulegt, ein hoher Beamter des Landshuter Herzogs Ludwig X. († 1545), dessen illegitime Tochter Anna von Leonsperg (1526–1556) er heiratet. Im Auftrag des Herzogs kommt er um 1540 dann wieder nach Rom, wo ihn der päpstliche Diplomat Ambrosius von Gumppenberg (um 1501–1574), der Regensburger Domherr ist, arg verleumdet. Unter anderem wird ihm vorgeworfen, jüdischer Abstammung und Ketzer zu sein und sich sittlich nicht einwandfrei betragen zu haben. Widmannstetter verläßt daraufhin die Ewige Stadt und übernimmt 1545 das Kanzleramt im Bistum Salzburg.

Am 18. Mai 1556 stirbt seine hübsche und gescheite Gattin, der er den Namen Lucretia gibt, erst dreißigjährig. Er läßt ihr im Regensburger Domkreuzgang ein Renaissancedenkmal setzen. Unmittelbar nach ihrem Tod tritt er in den geistlichen Stand und erhält in Regensburg eine Domherrenstelle, deren er sich aber nur ein paar Monate erfreuen kann. Er stirbt am 28. März 1557.

Ein interessanter Gelehrter und Geschichtsschreiber ist noch Lorenz Hochwart (um 1493–1570), geboren in Tirschenreuth, von 1530 an Prediger in Regensburg und von 1536 an Domherr, der auf dem Konzil von Trient sein Heimatbistum vertritt. Aufschlußreich sind seine Aufzeichnungen, darunter der »Catalogus episcoporum Ratisponensium«.

Ein noch bedeutenderer Geschichtsschreiber ist Andreas Raselius (um 1563–1602), der 1584 nach Regensburg kommt, noch im selben Jahr Kantor bei der Neupfarrkirche wird und Maria Erndl, die Tochter eines Regensburger Apothekers, ehelicht. Sein Schaffen ist ohne Beispiel. Unter anderem schreibt er, der nicht älter als 40 Jahre alt wird, 600 Bücher, gibt ein weitverbreitetes Gebet- und Gesangbuch (»Regenspurgische Kirchencontrapunkt«) heraus und verfaßt zahllose Kompositionen, die ihn weit über die bayerischen Grenzen hinaus berühmt machen.

Wichtig ist seine noch ungedruckte »Cronic Raseli, von dem Ursprung der Stadt Regenspurg, selbigen Hoch-Stiffts, Neben-Stiftern und Clöstern, auch andern denckwürdigen Sachen, so sich daselbst begeben«. Sie wird 1598 in Regensburg geschrieben und gibt uns so manchen Aufschluß über »die uralte und weltberühmte Statt Regenspurg«, die »des Lands und orths halben trefflich gelegen« ist.

Meistersinger in Regensburg ist Oswald Geltinger († 1538), von dem behauptet wird, er übertreffe sogar den Eulenspiegel. Ihm nahe kommt Johann Pühler († 1591), von 1580 an Domorganist in Regensburg, dessen Lieder übermütig und sehr ausgelassen sind.

Zwei weiterer Chronisten, die für die Romanistik von großer Bedeutung sind, ist noch zu gedenken: Schmid und Schmidl. 1562 reist Ulrich Schmidl (um 1510–1579), der Brasilienforscher und Mitgründer von Buenos Aires, nach Regensburg. Er fühlt sich in Straubing wegen seiner Religion bedroht und begibt sich in den Schutz der Reichsstadt. In seinem Haus in der Regensburger Wahlenstraße 23 (Gedenktafel) zeichnet er seine Erlebnisse in Südamerika auf. Der Titel seines Werkes: »Wahrhafftige und liebliche Beschreibung etlicher fürnemen Indianischen Landschaften und Insuln, die vormals in keiner Chroniken gedacht und

89

erstlich in der Schiffahrt Ulrici Schmidls mit großer Gefahr erkündigt und von ihm selber auffs fleissigst beschrieben und dargethan.«

Ein Abenteurer wie Schmidl ist Nikolaus Schmid, ein Landsknecht aus Regensburg. Er kämpft im spanisch-portugiesischen Krieg auf der Seite der Spanier und verfaßt 1582 nach seiner Rückkehr eine »gereimte Beschreibung des portugalesischen Kriegs«.

Von der bildenden Kunst reicht der Regensburger Miniaturmaler Berthold Furtmayr († um 1505) noch knapp ins 16. Jahrhundert. Er malt im Auftrag der bayerischen Herzöge und der Salzburger Bischöfe hinreißende Bilder, von denen einige sehr stark an die Renaissance in der Toskana erinnern. Auffallend ist vor allem sein Bemühen, den menschlichen Körper so schön und attraktiv wie möglich darzustellen. Keinem deutschen Miniaturmaler dieser Zeit gelingen so lebensnahe und sinnliche Bilder.

Eine Bedeutung über die deutschen Grenzen hinaus kommt im 15. und 16. Jahrhundert der Dombaumeisterfamilie Roritzer zu. Konrad Roritzer († 1481), der neben seinen Arbeiten am Regensburger Dom (Westportal) unter anderem auch an den Hauptkirchen beziehungsweise Domen in Nürnberg, Ingolstadt, Eichstätt, Nördlingen, Wien, Freiburg und München mitwirkt oder deren Auftraggeber berät, gehört zu den großen Baumeistern der deutschen Geschichte.

Seinen beiden Söhnen Matthäus († um 1495) und Wolfgang († 1514) hat der Dom bereits die ersten zaghaften Renaissancemerkmale zu verdanken, denken wir nur an das Sakramentshäuschen, den Brunnen oder Teile an der Westfassade (Rosette, Kreuz und die zwei Mittelfenster). Matthäus verfaßt obendrein die älteste in deutscher Sprache geschriebene Architekturlehre, das »Puechlein von der Fialen Gerechtigkait«. Er ist auch einer der ersten Regensburger, von dem wir ein exaktes Portrait (Staatliches Museum Berlin) haben. Sein Buch, das mit 23 Zeichnungen bebildert ist, ist an fast allen Bauhütten Deutschlands bekannt. Es enthält insbesondere Anweisungen, wie Fialen und Wimperge (gotische Spitztürmchen und Spitzgiebel) konstruiert werden müssen.

Wie weit der Dom zur Zeit des Todes von Wolfgang Roritzer ist, verrät uns das Gemälde »Steinigung des heiligen Stephans« im Städtischen Museum.

Konrad Roritzer ebenbürtig ist Albrecht Altdorfer (um 1480–1538), der ganz im Bann der italienischen Renaissance steht. Er erwirbt hier 1505 das Bürgerrecht, macht kurz darauf eine Italienreise, die ihn wahrscheinlich nach Venedig, Padua und Mantua führt, kauft sich 1513 ein Haus mit Turm und Hofstatt am Veitsbach bei den Augustinern (Obere Bachgasse 7 – Gedenktafel), wird 1519 Mitglied des Äußeren Rates, 1526 Mitglied des Inneren Rates und gleichzeitig Stadtbaumeister, 1528 Kandidat für das Bürgermeisteramt, kauft danach weitere Häuser und Weingärten, reist 1535 im Auftrag der Stadt nach Wien und stirbt 1538.

Das sind nur die wichtigsten Stationen seines arbeitsreichen Lebens, das Regensburg noch einmal nachdrücklich mit Italien in Verbindung bringt. In fast jedem seiner Bilder finden sich südliche Momente und Moden, insbesondere Paläste und Feste der Renaissance. Das Bild »Susanna im Bade« (Alte Pinakothek München) vom Jahr 1526 zeigt italienisches Dolce-far-niente: Ein Palazzo vereinigt eine Summe von erlebten Stileindrücken Altdorfers. Man sieht unter anderem Anklänge an den Glockenturm Venedigs, an S. Maria Croce in Crema und S. Maria delle Gracie in Mailand. Dazu kommen großzügige Loggien und ein weiträumiger Hof.

Einer aber ist Altdorfers großes Vorbild: Andrea Mantegna (1430–1506). Beide haben nicht nur eine Fülle von gemeinsamen Motiven (zum Beispiel Satyr, Seekentauren, Samson, Vorhölle, Arion, Bacchus, Mars usw.), Altdorfer kopiert auch, wenn selbstverständlich sehr frei, einige Szenen Mantegnas wie beispielsweise das Ölbergmotiv, den heiligen Sebastian und Madonnen. Wie Mantegna scheut er vor Personen, die dem Bildbetrachter den Rücken zeigen, nicht zurück und gebraucht genau wie der Italiener auch ins Gemälde gesetzte Schrifttafeln.

Auffallend ist, daß man kein von ihm ausgewiesenes Selbstportrait kennt. Die Forschung hat bisher auch noch keine Anzeichen dafür entdeckt, ob er sich selbst in seine Bilder »hineinschmuggelt«, was ja bei den italienischen Meistern gang und gäbe ist.

Und doch fällt beim intensiven Betrachten seiner zahlreichen Bilder, die heute zwischen Wien und Washington hängen, auf, daß immer wieder ein großer junger Mann mit Ponyhaarschnitt und markanter Nase auftaucht. Dieses Gesicht ist dem einzigen authentischen Altdorferportrait, das sein Schüler Mielich malt (Ratsherrensitzung), verblüffend ähnlich. Wir haben also vermutlich eine Fülle von Altdorferschen Selbstportraits.

Wie Cranach, der wahrscheinlich um 1500 in Regensburg sein Bild »Ruhe auf der Flucht« konzipiert, und Tilman Riemenschneider, mischt auch Altdorfer in der Stadtpolitik mit. 1528 soll er sogar Bürgermeister werden. Doch er winkt ab. Er malt stattdessen im Auftrag des bayerischen Herzogs Wilhelm IV. (1493–1550) die »Alexanderschlacht«, ein Bild, das seit seiner Entstehung die Welt fasziniert. »Eine kleine Ilias in Farben«, so charakterisiert 1803 Friedrich Schlegel das Bild. Napoleon gefällt es so gut, daß er es 1800 mit nach Paris nimmt. Nichts vergißt Altdorfer, sogar den Harem des Perserkönigs, bestehend aus ein paar prächtig gekleideten Damen, bezieht er in das Schlachtengetümmel mit ein. Heute hängt das Bild in der Alten Pinakothek von München.

Und immer wieder entdeckt man auf seinen Bildern Motive seiner Heimat. Ist Altdorfer 1528 nicht auf den Ziegetsberg gestiegen und hat sich dort die Stadtsilhouette für seine »Alexanderschlacht« betrachtet? Ist Issus nicht mit Regensburg identisch? Man glaubt den Dom zu sehen, die Niedermünsterkirche, den Herzogturm und verschiedene Patriziertürme in der Keplerstraße. Die vor Issus gelegene Insel entspricht sicher dem Oberen und Unteren Wöhrd.

Albrecht Altdorfers Donaulandschaft, das erste reine Landschaftsbild der europäischen Kunst, zeigt uns deutlich Schloß Wörth und den Scheuchenberg. Die Abendmahlszene des Fronleichnamsaltars, der im Städtischen Museum steht, erinnert an Altdorfers eigene Wohnung. Der Fensterblick des Bildes ist mit dem seines Hauses identisch. Man sieht eine Kirche, die der 1838 abgerissenen Augustinerkirche entspricht.

Die »Geburt Mariae« findet in einem großen Kirchenraum statt, der mit dem Plan für die Neupfarrkirche (von Hans Hieber) nahezu identisch ist. Er skizziert weiter die 1519 abgerissene Synagoge, die Ägydienkirche und schließlich noch die Patriziertürme (»Gefangennahme des heiligen Florian«).

Altdorfer, der neben Dürer, Cranach und Burgkmair das Gebetbuch Kaiser Maximilians mitgestaltet, prägt nicht nur die Regensburger Malerei, seine Ausstrahlungskraft reicht auch weit die Donau hinab und im Süden bis hinunter nach Brixen, wie sich heute noch im Neustifter Museum nachweisen läßt.

Der bedeutendste Altdorferschüler ist der Münchner Hans

Mielich (1516–1573), der 1536 nach Regensburg kommt und die Stadt spätestens 1540 wieder verläßt. Er ist es, der uns in seinem Freiheitenbuch ein Portrait von Altdorfer überliefert. Es ist das bekannte Bild von einer Ratssitzung. Von Mielich stammt auch der Grabchristus im Tympanon des romanischen Portals der Alten Kapelle.

Albrecht Altdorfers Bruder Erhard (um 1480–1561) ist Hofmaler und Baumeister in Mecklenburg. Von ihm hängen Gemälde im Städtischen Museum.

Ein bedeutender Maler der Altdorferzeit ist schließlich noch Michael Ostendorfer (1494–1559), der Regensburg wegen der schlechten Auftragslage zwar längere Zeit verlassen muß, doch seine Hauptwerke hier verfertigt. Er portraitiert den bayerischen Herzog Albrecht V. (1528–1579) und malt den großen Flügelaltar für die Neupfarrkirche (heute Städtisches Museum), einen Prototyp der Darstellung protestantischen Gedankengutes. Eines seiner schönsten Werke ist eine adrette Lucretia (ebenfalls im Städtischen Museum). Für den Regensburger Reformator Nikolaus Gallus illustriert er dessen Schriften.

Längst vergessen, damals aber bekannt bis weit hinunter nach Wien, ist Erasmus Loy (um 1500 – um 1570), wahrscheinlich der Sohn eines in Regensburg 1514 hingerichteten Rebellen. Er hat ein kaiserliches Privileg und verfertigt Tapeten, die zu den ersten Versuchen des europäischen Farbdrucks gehören.

Zeichen des Verfalls

Und doch, selbst diese Blüte und Güte im kulturellen Bereich, die zwar hinter Augsburg und Nürnberg stehen, aber sonst kaum einen Vergleich zu scheuen brauchen, täuschen über die tatsächliche Lage Regensburgs im 16. Jahrhundert hinweg. Sie gleichen dem hellen Licht eines fernen Sternes, der zwar schon längst erloschen ist, aber noch unvermindert strahlt. Der wirtschaftliche Zerfall ist nicht mehr zu vertuschen. Das zeigt schon die Tatsache, daß die Patrizier nach und nach ihre Paläste (zum Beispiel: Heuport, Goliathhaus) an die weit reicheren Nürnberger verkaufen. Zudem lastet die Reichsfreiheit schwer. Der jeweilige Herzog hat die Stadt fest im Griff. Die Lebensmittelversorgung kann beliebig kontrolliert und kontingentiert werden.

Wie sehr die Stadt finanziell ruiniert ist, zeigt der totale Ausfall der kostspieligsten aller Künste, der Architektur. Die Arbeiten am Dom gehen immer schleppender voran, weil die Gelder nicht mehr so üppig fließen wie früher. Schon 1525 muß der geplante Ausbau der Kathedrale aufgegeben werden. Freilich, unvollendete Kirchen und Dome gibt es auch in Paris und Straßburg, in Köln und Ulm und vor allem auch in den viel reicheren italienischen Städten Florenz, Bologna, Mailand und Siena. In Regensburg entsteht aber im Gegensatz zu fast allen anderen Handelsstädten nicht einmal eine spätgotische und nur eine einzige Renaissancekirche, die Neue Pfarr.

Alle beklagen den Niedergang der Stadt. 1512 findet der Nürnberger Humanist Johann Cochläus (1479–1552) Regensburg »von Schätzen gründlich entleert«, obwohl es »einst überaus mächtig« war und immer noch »herrliche Gebäude« hat. Daß »der Wohlstand der allzu stolzen Bürger zurückgegangen ist«, berichtet 1515 Ricardo Bartolino († um 1529), Domherr von Perugia. 1517 konstatiert Kaiser Maximilian (1459–1519): »Regensburg war einst unter den reichsten und berühmtesten Städten unserer deutschen Nation die blühendste«. Auch Kaspar Brusch (1518–1559), der 1541 von Kaiser Karl V. in Regensburg zum Dichter gekrönt wird und dessen Schriften teilweise in Regensburg verlegt werden, beschreibt den Niedergang ausführlich. Nach seiner Schilderung ist die Stadt »an Einwohnern arm«, die Häuser und Paläste seien »leer und ohne Bewohner fürwahr«.

Und Raselius, der große Regensburger Chronist, erzählt ganz betrübt von den Bürgerhäusern, »deren weite größ und Höhe noch gute anzeuge geben, was vor der Zeit in dieser Statt vor ein gewaltig Thun ist gewesen«. Er fährt fort: »Daß die Statt Regenspurg vor etl. 100 jahren groß und ansehnlich volk und guthreich Kauffmannschafft und Gewerb halber fast die berühmteste Haupt Statt in Teutschland gewesen seye, dergleichen villeicht heut zu Tag Nürnberg oder Frankfurt seyn mag. Solches geben noch die großen weiten Häußer und Gebäude mit ihren hohen Thürmen, ingleichen die nahmen der Plätze und Gaßen, welche noch von ausländischen Völkern ihren Nahmen haben und behalten.«

Am deutlichsten versinnbildlicht aber die Regensburger Münze, einst Maßstab für die meisten kontinentalen Währungen, den Verfall. Sie verliert von der ersten Hälfte des 15. Jahrhunderts an ständig an Wert und wird plötzlich nicht mehr ernst genommen.

Die Kassen leeren, die Schulden mehren sich. Warum dieser Niedergang des Bürgertums? Betrachtet man die Quellen, so ersieht man, daß es in Regensburg an Überlegungen, an Wagemut und altem Kaufmannsgeist fehlt. Es stimmt, daß viele große Handelsstraßen an Regensburg vorbeiführen, daß die günstigen Voraussetzungen für den Osthandel allmählich wegfallen, doch die Regensburger haben nicht mehr die Kraft und den Willen, den Spieß noch einmal zu wenden.

Ursache Nummer eins des Niedergangs ist der Luxus. Die Mode macht müde. Man führt ein gefälliges Leben. Überall eitle Pracht und Verschwendungssucht, besonders dann im 15. und 16. Jahrhundert. »Es stund übll hie, wievol süß dy von Regenspurg wenig liessen anfechten, man het alle tag hochzeit, man lebt im saus mit fressen, saufen, pfeiffen, tanzen an alle scheuch. Es ist ein alt sprichwordt: nach freid kumbt gern laid.« So schreibt unter anderem der Chronist Leonhard Widmann, der sich bisweilen selbst einen »lessigen Unfleiß« vorwirft.

Die Quellen berichten von nimmerendenden Feiern und Festen, Prasser- und Prahlereien. Dem Trunk müssen die Regensburger dabei so ergeben sein, daß sogar der sonst so lebensbejahende Albrecht Altdorfer den Wein neben dem Krieg zu den »Zerstörern« der Menschheit rechnet (Bild in der National Gallery of Art in Washington).

Ursache Nummer zwei des Niedergangs ist die Ablehnung jeglichen Fortschritts. Ein Beispiel von vielen: Obwohl Johannes Gutenberg schon um die Mitte des 15. Jahrhunderts den Letterndruck erfindet, hat Regensburg 1521 immer noch keinen eigenen Buchdrucker, sieht man von ein paar kleinen privaten Hobbydruckereien ab. In der Stadt machen die Drucker aus München, Landshut und Nürnberg das große Geschäft. Erst 1522 gründet Paul Kohl († um 1531) eine eigene Werkstatt. Das hätte es früher nicht gegeben. Die Stadt nahm in den vergangenen Jahrhunderten alle Neuerungen sofort auf.

Ursache Nummer drei des Niedergangs ist die Erbpraxis. Der Besitz wird nach dem Ableben eines Patriziers nicht zusammengehalten, sondern viele Male dividiert. Als beispielsweise 1357 Gottfried Reich stirbt, werden alle Spitäler in Ober- und Niederbayern, alle Klöster »im Umkreis einer Meile« bedacht und unzählige Jahrtage gestiftet. Da er keine Kinder hat, verteilt sich der übrige Besitz auf die zahlreichen Erben seines bereits verstorbenen Bruders Hermann. Der

Neffe Gottfrieds, Matthäus Reich († 1367), überträgt seinen Reichtum zehn Jahre später auf seine vier Söhne. Damit ist der ungeheure Reichsche Reichtum noch vor dem Ende des 14. Jahrhunderts so aufgesplittert, daß das wahrscheinlich in Deutschland reichste Geschlecht wegen fehlender Investitionskraft bald an Bedeutung verliert. Schon 1368 verkaufen die Erben Grundbesitz außerhalb der Stadt und zwei Drittel des großen und kleinen Zolls. Vier Jahre später geben sie schließlich ihre Stadtburg in der Wahlenstraße (Kastenmayerhaus) und andere Paläste ab. Das Ende einer Familie, der zeitweilig gekrönte Häupter genauso gehorchen wie die zahlreichen Diener und Fuhrknechte.

Natürlich sind die Reichs kein Einzelfall. Nicht anders sieht es bei den Gumprechts aus. Bis zu seinem Tode im Jahr 1325 sammelt Gumprecht an der Haid Besitz auf Besitz. In seinem Palazzo geben sich die Mächtigen seiner Zeit die Türklinke in die Hand. Kaum ist er tot, verwenden seine drei Töchter Kunigunde, Cecilie und Petersen die Hinterlassenschaft »zur Zahlung ihrer Schulden«.

Ursache Nummer vier ist die plötzliche feindliche Haltung gegenüber den Juden, die all die Jahrhunderte zum Reichtum der Stadt beisteuerten. Die Judenaustreibung, auf die später noch eingegangen wird, ist eine der dümmsten Aktionen der Bürger Regensburgs.

Ursache Nummer fünf ist das kleinkarierte Denken, das sich in der Mittelschicht breitmacht. So wird plötzlich in den Zünften ohne zwingende Gründe das Meisterrecht von Jahr zu Jahr erschwert. Nicht mehr der Könner, sondern der Konformist kann es zu etwas bringen. Die Kürschner verlangen 1438 als erste Zunft die eheliche Geburt und Ehe mit einem ehelich geborenen Mädchen. Die Huter, Taschner und Schreiner erlassen bald dieselben Bestimmungen. Die totale Diskriminierung des unehelich Geborenen beginnt. Mag er noch so tüchtig und züchtig sein, der Makel der Illegitimität verhindert seinen Aufstieg. Selbstverständlich wird auch sonst ins Privatleben eingegriffen. So verlangen 1450 die Wollwirker und 1468 die Beutler generell die Eheschließung. Unverheiratete haben demnach überhaupt keine Chance, Meister zu werden.

Genau in diese Denkweise der Regensburger paßt auch die Schmach, die man dem bayerischen Herzog Albrecht III. (1401–1460) in der Stadt antut. Als Erbprinz wird er hier 1434 wegen seiner Liebe zu Agnes Bernauer allgemein verspottet und verachtet. Schwer getroffen verläßt er Regensburg. Ein Jahr später schon wird Agnes gefesselt von einer Straubinger Brücke in die Donau gestoßen.

Parallel zum Verfall des Bürgertums geht der der Geistlichkeit, wobei zu sagen ist, daß in dieser Zeit der Klerus weitgehend ein Spiegelbild der Gesellschaft ist, das heißt nach Ständen gegliedert ist. Auf weite Strecken läßt sich ein Trennungsstrich zwischen hohem und niederem Klerus feststellen. Viele Domherren und Oberhirten weigern sich, die höheren Weihen zu empfangen. Ein Gutteil von ihnen hat auch kaum die erforderlichen theologischen Kenntnisse. Gerade diese Ausuferungen tragen erheblich zum Verfall der Geistlichkeit bei, da es einfache Priester und Mönche vielerorts dem hohen Klerus gleichtun wollen.

So bereiten auch die Geistlichen Regensburgs, bekannt als Kunden der diversen Frauenhäuser, stimmungsmäßig die Reformation tatkräftig mit vor. Bereits Konrad von Megenberg deutet uns im 14. Jahrhundert die Entwicklung an. Aventinus deckt dann Laster und Liederlichkeiten der Geistlichen schonungslos auf. Die Orden tituliert er »Unorden«, wirft ihren Angehörigen Faulheit, Gefräßigkeit und Dummheit vor und gibt ihnen Namen, die aus dem Tierreich stammen. Auch die bildenden Künstler machen ihrem

Ärger Luft. So malt am Ende des 15. Jahrhunderts ein Regensburger Meister nach italienischem Vorbild ein Altarbild (heute im Städtischen Museum), auf dem er Mönche in der Hölle darstellt. Einer von ihnen wird vom Teufel gerade mit einer großen Gabel in den Körper gestochen.

Es ist eine schier unendliche Litanei von Fehltritten. Wir hören, wie die Geistlichen der Stadt ihre Köchinnen verprügeln, ehrbare Handwerker zusammenschlagen, rauben und stehlen (»Diebspfaff« nennt Widmann einen von ihnen), nachts gewaltsam bei den Regensburger Mädchen und Frauen eindringen und dem Alkohol total verfallen sind. So stürzt der Pfarrer von Dechbetten (ist »teglich vol«) betrunken in den Stadtgraben, wo er tot geborgen wird.

Um den Gottesdienst kümmern sich nur ganz wenige. 1521 muß einmal im Dom das Amt ausfallen, weil alle dazu eingeteilten Geistlichen verschlafen. »Ist darumb verzaichnet, das man der großen herren vleiß mercken müg«, stellt Widmann verärgert fest.

Vor allem die Liebschaften der Geistlichen sind so alltäglich, daß sie fast kein Chronist unerwähnt läßt. Da hören wir, daß sich viele Beichtväter zugleich um Leib und Seele der hübschen Regensburgerinnen kümmern. Das Benediktinerkloster Prüll, um die Jahrtausendwende von Bischof Gebhard († 1023) gegründet und seit dem 13. Jahrhundert als Männer- und Frauenkloster organisiert, gibt ein solches Ärgernis, daß es 1484 an die Kartäuser übergeben wird. In der Stadt gehen die Zölibatsverletzungen so weit, daß 1462 die Zunft der Barchenter beschließt, jedem den Meistertitel zu versagen, dessen Frau »pey ainem priester gesessen ist«. Und selbst Leonhard Widmann, Vikar an der Alten Kapelle, der sehr gern über die Ausschweifungen anderer moralisiert, mißachtet das Zölibat. Er trägt 1553 seinen »lieben son« Erasmus zu Grabe.

Besonders sind wir natürlich über die Affairen des hohen Klerus informiert. Der selbstbewußte Abt Johann Tegernpeck von St. Emmeram († 1493) liebt gleichzeitig Kirchenglocken und Mädchenlocken. Wiederholt trifft man ihn in seinen Räumen mit schönen Frauen. Er ist überhaupt ein sehr weltlicher Abt, der gern kostbare Gewänder trägt, sich Hermelin beschafft, oft spielt und trinkt und nächtliche Ausfahrten zu Liebesabenteuern benützt. Aber schon bevor Tegernpeck 1471 zum Abt gewählt wird, stimmt es in St. Emmeram nicht mehr. 1452 kommt Nikolaus von Kues (1401–1464) ins Kloster und berichtet dem Papst von der Züegellosigkeit der Mönche.

Doch auch die Oberhirten mögen das Schäferspiel. So schimpft Weihbischof Peter Krafft (1470–1530) in seinem Tagebuch auf den hochadeligen Bischof Johannes III. († 1538), der mit 19 Jahren als Administrator die Leitung der Diözese übernimmt. Er ist ein ausschweifender, ungebildeter, theologisch nicht versierter Kirchenfürst, der sich bis zu seinem Tod keine höheren Weihen geben läßt. Das Kirchengut benützt er für seine persönlichen Launen. Sein Nachfolger Pankraz von Sinzenhofen († 1548), bis dato Regensburger Domdechant, ist ebenso ein übler Schürzenjäger, der sich ständig für seine illegitimen Kinder stark macht.

Am meisten leistet sich aber der noble Domherr, zu dessen Angebeteten auch die Regensburger Frauen und Mädchen gehören. Oft genug berichten die Chronisten von seinem Pfründen- und Sündenregister. 1514 beispielsweise gibt es einen Riesenskandal, als Domherr Johannes Zenger eine junge Regensburgerin verehrt und begehrt, die ihn aber nicht erhört. Da er wie ein Rasender die Tür ihres Hauses einstößt, wird er von der Stadtgarde gefaßt. Sofort protestiert Bischof Johannes gegen die Verhaftung und verlangt die Freilassung seines Domherrn. Weil sich die Stadt widersetzt, belegt sie der Bischof mit dem Bann. Soweit ist man gekommen!

In gleicher Weise wird uns 1541 von den »hurnhendll« der beiden Regensburger Domherren Parsberger und Kolb mit »2 eefrauen« berichtet. Die Brüder Stephan und Johann Christoph Paulsdorfer († 1573), ebenfalls Domherren, verlassen ihre Stellen und heiraten. Und Hans Sachs (1494–1576) berichtet von einer Regensburger Malersgattin, die »schön über Maß« ist, »um die der Dumprobst buhlen tät«.

Auch geht es in den beiden Frauenstiften Ober- und Niedermünster drunter und drüber. Und Papst Pius II. (1405–1464), der noch als Kardinal in Regensburg, »dieser berühmten Stadt«, wie er sich ausdrückt, eindringlich vor den Türken warnt, unterstützt indirekt das zügellose Leben der Stiftsdamen. Er bestätigt ihnen nämlich 1459 den Status von Kanonissinnen, was bedeutet, daß sie kein Keuschheitsgelübde ablegen müssen. Mögen die bayerischen Herzöge protestieren wie sie wollen, die Fräulein leben den ihnen liebgewordenen Stil. Sie tragen in der Stadt nach wie vor weltliche Kleider, schmücken sich mit Perlen und Pelzen, empfangen auf ihren Zimmern ihre Verehrer, schlafen in weichen Betten, erscheinen zu Festlichkeiten mit tiefdekolletierten Roben und verwenden und verschwenden ohne Bedenken ihre ererbten Kostbarkeiten.

Aber auch in den herkömmlichen Frauenklöstern sieht es nicht viel besser aus. So ist um dieselbe Zeit die Disziplin in Heilig Kreuz soweit gesunken, daß sich der Bischof und der Prior der Dominikaner 1476 veranlaßt sehen, rigoros vorzugehen. Das Kloster wird versperrt, jedem Mann der Eintritt verwehrt.

Es ist eine Täuschung zu glauben, nach dem Tridentinischen

Konzil besserten sich die Geistlichen. Der Geheimbericht des päpstlichen Gesandten Felician Ninguarda (1524–1595), der sich um 1574 in Regensburg aufhält, ist vernichtend. Der Regensburger Klerus, so der Gesandte in seinem Avis, sei der zügelloseste in Deutschland. Viele Geistliche fänden sich nur noch in der Kirche ein, um ihre Gelder in Empfang zu nehmen. Die Domherren kleideten sich wie vornehme Ritter und ließen sich immer noch nicht weihen. Sie läsen häretische Bücher und kümmerten sich nicht um die Beschlüsse des Konzils.

Die geweihten Priester hätten fast alle ihre Frauen, die sich ungeniert die Namen ihrer Herren zulegten. Sie ließen sich in Gesellschaft sehen und verlangten sogar den Vortritt vor Bürgersfrauen. Ein Domherr sei sogar unter den Einfluß einer Zauberin geraten. Seine Krankheit, von der er immer wieder spreche, sei nur simuliert. Er zeuge nämlich, so der päpstliche Legat, jedes Jahr ein gesundes Kind.

Nur wenige haben Konsequenzen zu fürchten. Zu ihnen gehört Domherr Sebastian Költerer, der 1589 wegen seiner unerlaubten Ehe sein Kanonikat verliert. Bekannt ist er vor allem wegen des Grabsteines, den er 1583 für seinen Sohn Johann Jakob meißeln läßt. Auf diesem Stein, heute im Ostflügel des Domkreuzgangs, steht in einer Geheimschrift der Name des verstorbenen Buben.

Trotz all dieser Verfallserscheinungen illustriert aber den Niedergang der Kirche in Regensburg nichts so wie die jeweilige Bischofswahl. 1580 wird gar ein dreijähriger Bub zum Bischof bestimmt. Es ist Philipp von Bayern (1576–1598), dessen Grabmal von Hans Krumper († 1634) im Mittelschiff des Domes steht.

Eine Schilderung von Verfall und Verruf der Kaufherren und Kleriker ist deshalb so wichtig, weil sie die Ursache vieler Komplikationen sind. So läßt der Mißerfolg auf dem wirtschaftlichen Sektor die Regensburger zu sehr kurzsichtigen Handlungen gegen das Reich hinreißen. Unter anderem gehen sie gegen die vom Kaiser geschützten Juden vor und planen einen Abfall vom Reich. Schließlich distanzieren sie sich vom alten Glauben, dessen oberster Beschützer ja der Kaiser ist, womit sie gleichzeitig auch auf die Mißstände in der Kirche reagieren.

Zunächst einmal wenden sie sich aber gegen Würde und Bürde der einst von ihnen selbst angestrebten Reichsfreiheit. Sie erkennen nämlich am Ende des 15. Jahrhunderts die Nachteile ihres Inseldaseins. So faßt der Rat der Stadt 1486 den Beschluß, wieder bayerisch zu werden. Mit dem Herzog werden bereits Gespräche arrangiert. Die Vorstellungen des Kaisers lassen die Regensburger unbeachtet. Schnell kommen dagegen die Verhandlungen mit dem Wittelsbacher in Fluß. Am 6. August 1486 zieht Herzog Albrecht der Weise (1447–1508) mit großer Pracht in die Stadt. Die Bewohner empfangen ihn mit lautem Jubel. An fast allen Gebäuden prangen die weiß-blauen Rauten. Allgemein kann man damit rechnen, daß Regensburg wieder bayerische Residenzstadt wird. Papst Innozenz VIII. († 1492) erlaubt dem Herzog am 22. Mai 1487 sogar, nach dem Muster der Hohen Schule von Bologna eine Universität in Regensburg zu gründen. Ein Regensburger Domdekan reist deshalb extra nach Rom.

Nach der Feier geht man sogleich emsig an die Arbeit. Ein Salzstadel wird errichtet, ebenso ein Weindepot und ein Lagerhaus für Eisenwaren. Der Umsatz steigt wieder langsam.

Vor allem aber wird das Hofgericht von Straubing nach Regensburg verlegt. Damit wird die Stadt wieder Sammelplatz des gesamten Um- und Hinterlandes.

Doch Kaiser Friedrich III. (1415–1493) ist mit dieser Entwicklung nicht einverstanden. Die Stadt gehört ihm und nicht dem Herzog. Am 18. September 1491 verhängt er über sie die Acht. Die Ratsmitglieder werden verhaftet, grausam gefoltert und als Krüppel wieder entlassen . Sechs Wochen, von Mariä Himmelfahrt bis zum Michaelstag 1491, quält man sie in der Folterkammer mit allen erdenklichen Raffinessen. Damit sind die bayerischen Träume ausgeträumt.

Dasselbe Spektakel ereignet sich 23 Jahre später unter dem Nachfolger von Kaiser Friedrich III., seinem Sohn Maximilian (1459–1519), noch einmal. Die Ratsherren beschließen nämlich diesmal, dem kaiserlichen Hauptmann Thomas Fuchs († 1526) die Stadttore zu versperren. Maximilian sendet eindringliche Warnungen nach Regensburg. Doch im Rathaus gibt man sich dem Wahn hin, dem Kaiser ohne Verbündete widerstehen zu können. Der Magistrat ist in seinen Handlungen völlig blind, auch dann noch, als zahlreiche Bürger ihre Bedenken äußern. Haupträdelsführer sind bekannte Künstler und angesehene Handwerker. Chronist Leonhard Widmann meint: »Ein Rat wider die Gemeinde, die Gemeinde wider den Rat.«

Um den Kaiser noch mehr zu brüskieren, läßt der Rat im Jahr darauf den ehemaligen Bürgermeister und Hansgrafen Wolfgang Liskircher, einen kaisertreuen 73jährigen Greis, verhaften und ihn unter dem fadenscheinigen Vorwand, er habe während seiner Amtsperiode nicht recht gewirtschaftet, der Folter übergeben. Kurze Zeit später wird ihm das Todesurteil zugestellt. In einem großen Zug mit volksfestartigem Charakter führt man ihn von der Folterkammer des

105

Rathauses vorbei an seinem Palast an der Unteren Bachgasse 10 zum Richtplatz. Nach der Exekution läßt ihn der Rat einige Tage am Galgen hängen, um Snob und Mob von Regensburg Gelegenheit zu geben, den Leichnam zu verspotten.

Jetzt aber wird es Kaiser Maximilian zu dumm. Er hält sein Wort und strenges Strafgericht. Unverzüglich besetzt er die Stadt und läßt am 29. Mai 1514 vor dem Alten Rathaus das Blutgerüst aufstellen. Als ersten führen die Henkersknechte Dombaumeister Wolfgang Roritzer, einen »seer hochberühmten maister seiner Kunst« (Widmann) hinauf. Es folgen der bekannte Bildhauer Michael Loy und hunderte von sonst ehrbaren Handwerkern, darunter viele Zinngießer, Schneider und Schuster.

Als sie, eskortiert von den kaiserlichen Soldaten, in der Rathaustür erscheinen, haben sie die gemeinsten Folterungen hinter sich. Ihre Kleider sind zerrissen, viele humpeln mit ihren zerbrochenen Gliedern die Treppen zum Hochgerüst hinauf, andere sind blutüberströmt. Ringsum stehen die Regensburger und müssen zusehen, wie Haupt für Haupt fällt. Das Exekutionsspektakel dauert ganze zehn Tage.

Bereits am 8. Juni werden die Regensburger bei Leibesstrafe aufgefordert, auf das Rathaus zu kommen. Triumphierend inthronisieren jetzt die kaiserlichen Räte den Hauptmann Fuchs, der unweit des Bürgermeisterpalastes, im nachmaligen Gymnasium Poeticum und der heutigen Staatlichen Bibliothek in der Gesandtenstraße, residiert. Gleichzeitig wird das Blutgerüst vor dem Rathaus abgebrochen. »Itzo must man den Haubtman gern haben, so es geplut hatt«, spottet Chronist Widmann.

Doch die Regensburger denken weiter an Rache. Freilich traut man sich kaum mehr etwas gegen den Hauptmann Fuchs zu unternehmen, der Groll richtet sich vielmehr gegen die vom Kaiser beschützten Juden, denen man plötzlich die unmöglichsten Verbrechen und Schandtaten nachsagt.

1515 kommt Balthasar Hubmair († 1528), ein Wiedertäufer und Antisemit, als »scharffer Prediger« aus Ingolstadt nach Regensburg und peitscht die Einwohner richtig auf. Er ist in seinen Angriffen gegen die Juden dermaßen zügellos, daß ihm Kaiser Maximilian ein Redeverbot auferlegt. Später wird er den Habsburgern so unangenehm, daß sie ihn schließlich in Wien auf dem Scheiterhaufen verbrennen lassen.

Die Angriffe Hubmairs verfehlen zumindest in Regensburg nicht ihre Wirkung. Als Kaiser Maximilian im Jahr 1519 stirbt, schlagen die Regensburger auch gleich los. Sie beschließen, alle Juden der Stadt zu vertreiben. Eine stattliche Menge von aufgebrachten und -gehetzten Menschen zieht nach dem entsprechenden Ratsvotum in das Judengetto am heutigen Neupfarrplatz, voraus die Emissäre des Rates, zu denen auch Albrecht Altdorfer gehört. Dort wird den etwa 700 Juden befohlen, »mit kindern, leib und gut zur statt auß zu ziechen«, wie Weihbischof Krafft berichtet. Sogleich werden Schiffe bereitgestellt, und in den folgenden Tagen wird alles vom Getto zur Donau getrieben, die Kranken ebenso wie die Armen. Sogar zwei Gebärende werden nicht verschont. Sie sterben auf dem Transport eines jämmerlichen Todes in der Winterkälte.

Inzwischen macht man sich in Regensburg bereit, die Synagoge abzubrechen. Wie beim Niederreißen des Gettos geschieht das mit »unvernünftiger hizigkait« (Raselius). Die Friedhöfe werden geschändet und entehrt. Allenthalben breitet sich eine ungeheure Betriebsamkeit aus. Es ist beschlossene Sache, anstelle der Synagoge eine Marienkapelle zu bauen. Am 21. März wird begonnen, und schon vier

Tage später kann Weihbischof Krafft den Altar segnen. Eine endlose Kette von Wallfahrern strömt nun zu dem Kirchlein. Wie es in einem alten Kalender heißt, setzt eine Periode ein, in der »viele Leute alles liegen und stehen ließen und viel Meilwegs oft nacket, barfuß, mit Rechen, Beilen, Sicheln, Mist-Gabeln vom Felde nach der kirche zu lieffen«.

Der Augsburger Chronist Wilhelm Rem berichtet, daß sogar Kinder der Lechstadt ohne Erlaubnis ihrer Eltern nach Regensburg eilen. Die schwäbischen Bauern lassen ihre Felder stehen und ziehen in die Donaustadt. Augsburger Mädchen trifft man in Regensburg noch mit ihren Sicheln, die sie zu Hause auf dem Felde gebrauchten.

Dietrich Westhoff, ein norddeutscher Chronist, erzählt, daß nicht einmal die Bewohner des Rheinlandes zurückzuhalten sind. 1522 wird in Dortmund eine Flugschrift über die »wunderlichen Zeichen« in Regensburg verteilt. Am 23. April 1520 liegen 50000 Wallfahrer vor der Tür der Marienkapelle und warten auf den priesterlichen Segen. Es gibt Prozessionen, die 20 Meilen und länger sind.

Michael Ostendorfer hält eine Szene in einem erschütternden Stich fest, dessen Originalplatte sich im Bayerischen Nationalmuseum in München befindet. Wie Irre werfen sich die Gläubigen vor die Muttergottesstatue. Sie umklammern die Säule und liegen vor ihr auf dem Bauch. Andere ziehen mit Rechen, Gabeln und Sicheln, mit Kerzen und Fahnen in die hölzerne Kirche. Im Hintergrund ist die Ruine der Synagoge zu erkennen. Albrecht Dürer (1471–1528) schreibt auf ein Exemplar dieses Holzschnittes: »Dies Gespenst hat sich wider die Heilige Schrift erhoben zu Regenspurg.«

Schnell wird man gewahr, daß eine größere Kirche errichtet werden muß. An Opfern von seiten der rasenden Leute fehlt es nicht, und so wird ohne Zögern der Plan in Angriff genommen. Die Menschen schleppen Grabsteine vom jüdischen Friedhof zum Bauplatz, so daß möglichst schnell mit der Errichtung der neuen Wallfahrtskirche »Zur schönen Maria«, der heutigen Neupfarrkirche, begonnen werden kann. Hans Hieber († 1521) aus Augsburg wird die Leitung übertragen. Am 9. September schon legt der Weihbischof mit großem Gepränge den Grundstein. Die Mauern der Kirche bestehen heute noch aus ungefähr 5000 jüdischen Epitaphien.

Diese Steine sind es, die kurz darauf stumme Zeugen unglückseliger Jahre werden. Der Rausch ist nämlich schnell verflogen, denn die »mechtige, große kirchfart« bringt die Pest mit in die Stadt. Und sie haust fürchterlich. Die zahlreichen Prozessionen führen jetzt nicht mehr Marienbilder und Fahnen mit, sondern nur noch Särge und immer wieder Särge. Auch geht es mit der Prosperität weiter abwärts. Der neue Kaiser Karl V. verlangt jetzt das Geld, das bisher die Juden aufbrachten, direkt von der Stadt. Außerdem müssen für Synagoge und Judenhäuser Entschädigungsgelder gezahlt werden.

Der Judenhaß tritt aber überall im Reich mächtig in Erscheinung. Kurz nach der Austreibung aus Regensburg erläßt Martin Luther ein scharfes Edikt allgemeiner Art gegen die Juden. Er fordert, ihre Synagogen zu verbrennen, ihre Häuser zu zerstören, ihnen die Straßen zu sperren und sie aus dem Lande zu jagen.

Trotz der Feindseligkeiten gegen das Reich zieht es aber die Kaiser immer wieder nach Regensburg. Hier haben schon Karl und Otto der Große ihre Macht demonstriert. Regensburg aufzugeben, wäre für ihre Nachfolger ein zu großer Prestigeverlust. Also reist man immer wieder hin. Nach all den Zwischenfällen will jetzt auch Karl V. der Stadt durch seine Anwesenheit zeigen, daß sie ihm gehört. Nur unmittelbare Präsenz verdeutlicht dem Rat immer wieder die wahren Machtverhältnisse.

So findet sich der Kaiser, in dessen Reich die Sonne nicht untergeht, zu drei bedeutenden Reichstagen, die sich zum überwiegenden Teil mit der Reformation und ihren Folgen befassen, in den Mauern der Stadt ein. Er wohnt im »Goldenen Kreuz« am Haidplatz, von wo aus er sich den Untertanen öfter »mit herzlichem lachen« zeigt.

1532 versucht man zum erstenmal in Regensburg aus dem Dilemma des Religionsstreites herauszukommen. Die Einzüge sind prächtig und geben den Einwohnern ein Renaissancespektakel erster Ordnung. 800 Pferde befinden sich allein im Geleit von König Ferdinand, dem Bruder des Kaisers. Die Stadt ist »auffs köstlichst zugericht«, schreibt Widmann. Der Kaiser, im schwarzen Rock, reitet auf einem kleinen Schimmel ein. Über ihm ein gelb-rot-weißer Seidenhimmel, der von vier Regensburgern getragen wird.

Es ist ein ungewöhnlicher Rummel. Am Frauenplatz (heute Neupfarrplatz) sind allein 30 Großküchen aufgebaut. In den Gassen bieten Krämer Tag und Nacht ihre Waren feil. Ihnen werden die Waren schier aus den Händen gerissen, so daß schnell alles teurer wird. »Es kann nimand glauben, wie vill volcks und selzamer ding hie wasend«, schreibt Widmann in sein Tagebuch. An anderer Stelle meint er, »daß so vill silber und gold in diser stat nit gewesen sei«.

Schon am ersten Abend gehen die Rauf- und Saufereien los. Dann folgt ein ständiges Morden und Totschlagen. »Man hat vill leut haimlich bei der nacht ertrenckt«, berichtet Widmann weiter. Überhaupt halten sich die Fremden »übler dan das viech«. Und am Ende weiß er zu berichten: »Es ist gar kain kurzweill hie gewesen, nur schlahen, hauen, stechen und würgen tag und nacht.«

110

Die Regensburgerinnen, denen die Fremden überall auflauern, trauen sich nicht mehr aus ihren Häusern, und das obwohl rund 1500 Dirnen aus allen Teilen des Reiches herbeiströmen. 40 von ihnen führt sogar der Reichsprofoß am 15. März offiziell in die Stadt herein.

Den Tag über beteiligen sich die Katholiken, voran der Kaiser, demonstrativ an den kirchlichen Veranstaltungen. So wäscht Karl V. unter anderem zwölf Regensburgern am Gründonnerstag demütig die Füße und zieht oft bei Prozessionen mit. Vor allem wird um eine erfolgreiche Abwendung der Türkengefahr gebetet. Wie groß die Gefahr tatsächlich ist, melden die kaiserlichen Kuriere, die hier sehr oft eintreffen. Den Regensburgern selbst wird die Bedrohung immer dann augenscheinlich, wenn gefangene Türken mit Ketten um den Hälsen durch die Gassen der Stadt in die Folterkammer im Rathaus geführt werden. Dort sagen sie aus, daß die Türkenheere zuerst Wien erobern wollen, um dann nach Rom ziehen zu können. Natürlich sollen Kaiser und Papst gefangen und gehenkt werden.

In Religionsfragen kommt man indes auf dem Reichstag überhaupt nicht weiter. Dafür wird »des heyligen Römischen Reichs peinlich gerichts ordnung«, kurz die »Carolina« (nach Kaiser Karl) genannt, verabschiedet. Es ist ein grausamer Strafkodex, der für Brandstiftung, Raub, Mord, Homosexualität und Abtreibung die Todesstrafe vorsieht, eine Todesstrafe, der barbarische Foltereien und Quälereien vorausgehen.

Neun Jahre später, 1541, erlebt die Stadt dann den wohl spektakulärsten Reichstag ihrer Geschichte, sieht man vom Immerwährenden Reichstag ab. Es kommen: Kaiser Karl V., der päpstliche Legat Gaspar Contarini (1483–1542), Dr. Johannes Eck (1486–1543), Johann Gropper (1503–1559) und Julius Pflug (1499–1564) von der katholischen Seite. Die Protestanten schicken Philipp Melanchthon (1497–1560), Martin Butzer (1491–1551) und Johann Pistorius († 1583). Versammlungsort ist die Neue Waag am Haidplatz, das Gebäude mit dem schönsten Innenhof Regensburgs, in dem heute noch ein Bild an das Religionsgespräch erinnert.

Auch Johann Cochläus (1479–1552), der Luther »seines Vaterlandes Mörder« nennt, ist in der Stadt und besucht die Exerzitien, die der erste Ignatiusschüler Petrus Faber (1506–1546) in Regensburg hält. Sie wollen vor den Vertretern des Reiches ihren Glauben demonstrieren und wettern von der Kanzel gegen die Protestanten.

Der Kaiser wünscht ehrlich den Frieden. Er selbst sucht die Verhandlungspartner aus. Contarini, der päpstliche Legat, ist ein versöhnlicher Typ, ein liebenswerter Venezianer, der die Verständigung will. In Regensburg wird er mit großen Erwartungen empfangen. Bereits nach seiner Erhebung zum Kardinal im Jahre 1535 nähert er sich in der Frage der Rechtfertigungslehre dem protestantischen Standpunkt. Als Sohn eines reichen venezianischen Kaufmanns hat er gelernt, Kompromisse zu schließen, um erfolgreich sein zu können.

Sein Standpunkt über den Primat des Papstes überrascht in Regensburg am meisten. Auch die Herrschaft des Papstes in Rom, so meint er in der Neuen Waag, sei nur eine Herrschaft auf Vernunft gegründet. Die Nachfolger des heiligen Petrus müssen wissen, daß sie freie Menschen unter sich haben. Sie dürfen deshalb nicht nach eigenem Gutdünken regieren, sondern nach den Regeln der göttlichen Gebote und der Liebe. Das ist ein schwerer Stoß gegen das oft schamlose Treiben der Päpste.

Dr. Eck, von dem Luther sagt, daß er nur Ruhm suche, aber nicht die Wahrheit, ist der entscheidende Hemmschuh in

112

Regensburg. Er, der gerne schöne Frauen hofiert, ist der Unversöhnlichste, der Rechthaberischste, an dem viel scheitert.

Philipp Melanchthon, der wache aber weiche Theologe, ist in Regensburg in einer sehr mißlichen Lage. Auch er sucht die Verständigung. Kurfürst Johann Friedrich von Sachsen (1503–1554) weist ihn aber an, jeden Vergleich mit den »mörderischen, abgöttischen« Katholiken zurückzuweisen. So steht Melanchthon, der noch Jahre später mit der Stadt brieflich in Verbindung steht, in Regensburg unter kurfürstlicher Polizeiaufsicht. Sein Freund Martin Butzer, neben Luther und Melanchthon der bedeutendste Reformator, ist zwischen 1529 und 1546 an allen Religionsgesprächen beteiligt. Er glaubt tatsächlich bis zum Ende an einen Vergleich.

Mit Ausnahme Ecks treffen liberale, friedliche Theologen zusammen. Am 5. April beginnen die Verhandlungen. Sofort verläßt Contarini die päpstliche Instruktion. Es wird somit nicht als erstes über den Primat disputiert. Der vornehme Venezianer sieht ein, daß mit dieser Frage gleich das gesamte Gespräch scheitern könne. Der Primat wird letzter Tagesordnungspunkt. Contarini schiebt andere Fragen vor. Obwohl Eck große Schwierigkeiten macht, einigt man sich im Nu – »wer hätte es zu hoffen gewagt?« (Leopold Ranke) – über die vier wichtigsten Artikel, den Urstand der Menschen, die Erbsünde, die Willensfreiheit und die Rechtfertigung. Contarini ist sogar bereit, in den Fragen der Priesterehe und des Laienkelchs nachzugeben.

Der Bischof von Aquila glaubt schon, daß die Einheit der Christen in Regensburg hergestellt werde. Kardinal Reginald Pole (1500–1558), Mitglied des englischen Königshauses, meint gar: »Wie ich diese Übereinstimmung der Meinung bemerkt, habe ich ein Wohlgefühl empfunden, wie es mir keine Harmonie der Töne hätte verschaffen können. Wir hoffen, daß Gott, der so barmherzig angefangen hat, auch alles vollenden wird.« Alle Welt blickt nach Regensburg.

Doch bald wird den Disputanten der Mut genommen. Rom und Reformation stehen nicht voll hinter der Regensburger Einigungsformel. Die Kurie in Rom zwingt ihren Legaten sogar zu Äußerungen, die in Widerspruch zu seinen früheren Aussagen stehen. Der gescheite, aber gescheiterte Contarini zieht tief enttäuscht aus Regensburg ab.

Auf dem Reichstag selbst geht es dann wieder hoch her. »Es war ein teglichs schlahen und würgen under den frembden naciones«, erzählt Widmann. In den Wirtshäusern wird gesoffen, viele sterben an den Folgen (»in branntwein zu todt gesuffen«). Es gibt erlesenste Speisen. Das Geschäft mit den Dirnen (»unzüchtigen weibern«) blüht wie schon 1532. Martin Butzer erzählt, daß »das überköstliche prachtiren und banketiren, das Zusaufen schier die größten geschäfte« sind. Und Lorenz Hochwart, zu dieser Zeit Regensburger Domherr, meint: »Es war ein unrichtiger Reichstage, da es vil Todschläge unter dem frembden Gesind gesetzet«.

Karl V., der im selben Jahr evangelische Spanier öffentlich hinrichten läßt, ist aber mit dem Reichstag zufrieden. Es gelingt ihm nämlich, Landgraf Philipp von Hessen (1504–1567), der sich wegen einer Doppelehe, einem Kapitalverbrechen, zu verantworten hat, zu isolieren. Der Kaiser vergißt die Bigamie, Philipp sein Bündnis. Unter anderem verpflichtet sich der Landgraf, mit keiner ausländischen Macht einen Pakt zu schließen. Mit diesem Regensburger Vertrag wird die Schlagkraft der Protestanten erheblich gemindert.

Im Jahr nach diesem Reichstag entscheidet sich der Rat der Stadt dann für den protestantischen Glauben. Zwar besteht in Regensburg schon relativ früh eine Bereitschaft, Luthers Thesen zu folgen. So verlangt bereits 1523 eine kleinere Gruppe vom Rat einen protestantischen Prediger, alsbald werden die Gottesdienste im Dom durch »groß geschray« gestört. Weiter treffen »ganze fesser voll lutterischer biecher« hier ein. Und 1526 fahren »vill mann und frauen« nach Beratshausen, um dort »das sacrament under zwaien gestalten« zu empfangen.

1528 wird dann die erste Ehe ohne Priester geschlossen. Es ist eine Sensation, als der Schneider Johannes Hurenban während des Trauungsaktes die Frage nicht beantwortet, ob er auch gebeichtet habe. Da ihn deswegen der Geistliche nicht trauen will, ergreift der Schneider in der Kirche selbst das Wort: »Ich Hans Hurenban begehre die Jungfrau Barbara zur Ehe, dergleichen begehrt die Barbara meine Hausfrau zu werden. Zum Zeugnis dafür stecke ich dir den Ring an, und verpflichten uns damit zum Band der Ehe«. In der Folge verzichten noch viele auf den geistlichen Beistand, »denn die Pfaffen treiben viel Tand«.

Gegen den Regensburger Weihbischof Peter Krafft, den viele mit einem »pauren trischel« (Dreschflegel) bedrohen, werden plötzlich Flugblätter verteilt. »Ich mein, er hilft die Bauern bescheißen und schinden«, heißt es unter anderem.

1542 dann tut der Rat von sich aus den letzten Schritt. Allerdings hat die Flucht in die Arme des Protestantismus einen wenig überzeugenden Beigeschmack. Der Initiator der ganzen Abfallbewegung, Bernhardin von Stauff († 1542), der das Abendmahl in seinem Palais gegenüber Obermünster in beiderlei Gestalt reichen läßt, favorisiert nämlich genau wie der Hesse die neue Lehre nur deswegen, weil er von ihr eine Lockerung oder Lösung der Ehefesseln und die Erlaubnis zum freien Umgang mit seinen zahlreichen Freundinnen erhofft. Treffend sagt deshalb ein Zeitgenosse Bernhardin nach, daß eigentlich seine Gespielinnen »sein evangeli« seien.

In den entscheidenden Wochen ist zwar König Ferdinand, der Bruder Karls, in Regensburg und herrscht den Rat an, dieser stellt sich aber taub. Im Herbst ist es schließlich soweit. Trotz einer erneuten Intervention wechselt der Rat die Religion. »Die erste und fürnehmste Ursach ist, daß solches die unwidersprechliche Lehre, Ordnung und ernstlicher Befehl unseres Gottes und Herrn Jesu Christi ist, dem ein jeder, nicht allein für sich selbst zu geleben, sondern auch seine Untertanen dahin zu weisen schuldig ist«.

In der Dominikanerkirche, in der von 1542 bis 1557 und von 1563 bis 1630 evangelischer Gottesdienst abgehalten wird, predigt der wortgewandte Erasmus Zollner (1489–1554), ein ehemaliger Priester von St. Emmeram, den neuen Glauben. Entscheidend ist aber, daß der Rat die kirchlichen Hoheitsrechte über die Wallfahrtskirche zur »Schönen Maria«, im Volksmund »Zu unserer Frauen« genannt, am Frauenplatz besitzt. Sie wird 1542 in »Neue Kapelle« (im Gegensatz zur Alten Kapelle) umgetauft. Einige nennen sie auch »Neue Pfarrkirche«, ein Name, den sie noch heute trägt. Sie ist die Wiege des Regensburger Protestantismus. In ihr hängt bis ins 19. Jahrhundert ein Lutherportrait von Lucas Cranach (heute Städtisches Museum).

Daß es sich um keinen Alleingang des Rates handelt, zeigt sehr schnell das Verhalten der Bürger, die zwar trotz vereinzelter Bedenken sofort die kirchlichen Gebote ignorieren und in der Fastenzeit 1543 Hochzeiten »mit fressen, sauffen, tanzen, schlittenfaren und allem unverschämbtem wollust« feiern.

Das Klima ist plötzlich so gereizt, daß sich die Katholiken, im wesentlichen die den Kirchen und Stiften zugehörigen

Personen, mit ihren Fronleichnamsprozessionen nicht mehr auf die Straße trauen. Würden sie »aufs Pflaster« gehen, so mutmaßt Widmann, würden die Regensburger die Monstranz unter dem Traghimmel »mit Kot und anderm« bewerfen. So bleibt man in den Kirchen und Kreuzgängen, wo es aber dennoch zu Zwischenfällen kommt.

In den ersten Monaten sind die Katholiken total wehrlos. Immer wieder kommt es zu schweren Einbrüchen. Im Dom wird die wertvolle Monstranz demoliert, bei den Dominikanern ist plötzlich der Tabernakel geplündert. Kein Wunder, daß die Katholiken ihre kostbarsten Gegenstände schnell diebstahlsicher verstecken. Kirchliche Gewänder, Geräte und Gemälde, darunter das Gnadenbild der Alten Kapelle, eines der ältesten deutschen Tafelbilder, wandern in sichere Verstecke.

Der Rat greift kaum ein und nimmt die meisten Untaten mit Wohlgefallen zur Kenntnis. Wer dagegen von den Bürgern oder den restlichen Einwohnern über die neue Religion verächtlich redet, muß mit harten Strafen rechnen. Im Alten Rathaus selbst kommt es immer wieder zu langen Religionsdisputen, so daß Widmann lakonisch feststellt: »Dy religion innen itzo mer anligt, dan res publica«.

Es ist wieder ein riskantes Spiel. Niemand in der Stadt weiß, ob nicht der Kaiser ein drittesmal innerhalb eines halben Jahrhunderts die Quittung vorlegen wird. Die Entscheidung zeugt zwar abermals vom freien Geist, der sich noch aus der Glanzzeit der Stadt herübergerettet hat. Im Gegensatz zu damals steckt aber keine wirtschaftliche Potenz dahinter. Und das macht die Sache so gefährlich.

Wir wissen, daß der von den Türken arg bedrängte Kaiser in Regensburg nicht eingreifen kann. Ein Friede mit den östlichen Heeren würde aber wahrscheinlich eine abermalige Massenhinrichtung zur Folge haben.

Tatsächlich verhängnisvoll für die Stadt aber ist, daß sich Bayern brüskiert fühlt. Wiederholt lassen die Wittelsbacher wissen, daß sie eher auf Herrschaft und Leben verzichten als auf ihren katholischen Glauben. Ein nichtgewogenes Bayern aber kann der Stadt große Unannehmlichkeiten bringen, da es jederzeit in der Lage ist, eine Blockade zu verhängen. Eine Appellation an den Kaiser wäre meistens sinnlos, denn auf ihn ist immer weniger Verlaß. Wie sich später herausstellt, sind auch einige Habsburger den Wittelsbachern nicht gewachsen. Die Religionsänderung ist also politisch unverantwortlich. Der Wechsel zahlt sich auch nie aus.

Grob gesprochen sind es drei Männer, die in Regensburg der Reformation endgültig zum Durchbruch verhelfen: Johann Hiltner, Nikolaus Gallus und Flacius Illyricus.

Johann Hiltner (1495–1567) kommt 1523 nach Regensburg. Schon acht Jahre später, 1531, gelingt es ihm, einen evangelischen Pädagogen, den ihm Melanchthon vermittelt, an das Gymnasium Poeticum zu holen. 1534 verpflichtet er noch zusätzlich zwei Prediger, die aber auf Druck des Kaisers und des bayerischen Herzogs Regensburg bald wieder verlassen müssen. Trotzdem bereitet er, der in der Leitung der Stadt immer mehr Einfluß gewinnt, Schritt für Schritt den Glaubenswechsel vor.

Kurz vor dem Religionswechsel kommt Nikolaus Gallus (1516–1570) in die Stadt, wo er der protestantischen Gemeinde ein mächtiger Wortführer ist. Er wohnt zunächst im Minoritenkloster und verrichtet einfache Seelsorgearbeiten, bevor er 1552 zum Superintendenten avanciert. Da er seine Bücher öfter zusammen mit radikalen Theologen verfaßt, nennt ihn Melanchthon verächtlich den »Verleumder von Regensburg«. Gallus beabsichtigt auch, in Regensburg eine lutherische Universität zu gründen, auf der die gescheitesten Protestanten zwischen Wittenberg und Württemberg lesen und lehren sollten. Der Rat verweigert aber seine Zustimmung.

Der dritte Reformator von Rang und Namen ist der in ganz Europa gefürchtete Streittheologe Matthias Flacius (1520–1575), der nach seinem Heimatland Illyrien den Beinamen Illyricus annimmt und etwa 1562 nach Regensburg kommt. »Großartig zum Theil und durch ihre Ausführung von solchem Werthe, daß sie in der Geschichte der Wissenschaft neue Bahnen brachen und Epoche machten, sind die Arbeiten, die Flacius in Regensburg zum Theil fortführte, zum Theil begann«. Das sind die Worte seines Biographen Wilhelm Preger.

Die Stadt sagt ihm allerdings schon 1566 den Schutz auf. Mit massiven Worten verlangen nämlich die kaiserlichen Beamten vom Magistrat die Ausweisung des Flacius. Der Kaiser, so heißt es, sei schon ziemlich aufgebracht. In der entsprechenden Note heißt es: »Nirgends als zu Regensburg gewähre man einem Menschen Schutz, der das Reich in Aufregung gebracht hätte«.

Zu den großen Motoren der Regensburger Reformation gehören aber auch die Mönche, die plötzlich in großer Zahl ihre Klöster verlassen. Besonders fasziniert vom neuen Glauben sind in Regensburg die Dominikaner und Minoriten. Der Prior der Dominikaner, Moritz Fürst, »macht sich heimlich aus dem Closter« (Raselius), flieht zu seiner Geliebten Käthchen Hinzenhausen, der Äbtissin des nahen Klosters Adlersberg, und ehelicht sie in Nürnberg. Die von ihnen mitgenommenen Kirchenschätze müssen allerdings auf Betreiben des Rates wieder zurückgegeben werden. Unter großer Anteilnahme der Regensburger Bevölkerung heiratet 1544 der Minoritenpater Wolfgang Halmberger die Regensburger Bürgerin Barbara Fundner. Den Segen spendet Erasmus Zollner.

Neben Halmberger verlassen zur selben Zeit vier weitere Ordensangehörige das Minoritenkloster. Zwei von ihnen gehen ebenfalls schnell zum Traualtar. Die meisten von ihnen stehlen zusammen mit ihren Frauen wertvolles Inventar. Aber auch die Reihen der übrigen Klöster lichten sich. Wir erfahren aus den Quellen, daß aus dem Klarakloster laufend Nonnen austreten und die Zahl der Kanoniker der Alten Kapelle erheblich zurückgeht. In St. Emmeram finden zwischen 1521 und 1534 überhaupt keine Neuaufnahmen statt, später nur sehr wenige, so daß der Konvent schnell zusammenschmilzt.

Aufsehen erregen auch die Glaubenswechsel des Würzburger Weihbischofs Johann Pettendorfer, eines Regensburgers, der noch Besitzungen in der Donaustadt hat, und des Dompredigers Leonhard Eckard, »der pesten einer«, wie sich der Chronist Widmann ausdrückt. Er heiratet 1543 seine »wohlversuchte Köchin«, die Straubingerin Katharina Eis.

Schwerfällig läuft der Apparat der Gegenreformation in Regensburg an. Als erstes sind die Jesuiten da. Sie gehören zu den allerersten, die überhaupt in Deutschland wirken. Verständlicherweise sehen sie aber die Regensburger gar nicht gern. So wird Claudius Jai (um 1500–1552), ein Jesuit aus Savoyen, aus der Stadt getrieben. Man droht ihm, den Intimus von Ignatius von Loyola, ihn in die Donau zu werfen. Jais Kommentar dazu: »Ich hoffe auch auf dem Wasserweg in den Himmel zu kommen«.

Sofort erfassen die Wittelsbacher die Gefahr in Regensburg. Auf Grund eines herzoglichen Befehls darf kein bayerischer Untertan von 1542 an die Stadt mehr besuchen. Wer sich von den protestantisch gesinnten Stadtamhofern, die ja bayerisch sind, nicht rechtzeitig nach Regensburg absetzte, kann nicht mehr in die Stadt. Schwer bewaffnete Soldaten patrouillieren vor der Steinernen Brücke. Trotzdem gelingt einigen von ihnen und ein paar Münchnern, die der neuen Lehre anhängen, die abenteuerliche Flucht. Ansonsten sind Familien und Freunde, Verliebte und Verlobte für viele Jahre getrennt.

Vier Jahre nach dem Abfall Regensburgs vom alten Glauben trifft sich das Reich wieder in Regensburg. Karl V. wird es dabei etwas unheimlich, da die Fürsten lange auf sich warten lassen. Einem Überfall stünde er wehrlos gegenüber. Doch seine Gegner haben den Mut dazu nicht.

Stattdessen erlebt er eine freudige Überraschung. Bayern geht nicht mit dem Schmalkaldischen Bund, so daß er seine Strategie unverzüglich anlaufen lassen kann. Am 20. Juli ächtet Karl V. den sächsischen Kurfürsten Johann Friedrich und Landgraf Philipp von Hessen. Ein Waffengang ist nicht mehr zu vermeiden. Das Religionsgespräch zwischen dem Spanier Malvenda und Martin Butzer ist völlig bedeutungslos. Über die Klage Butzers, daß der Kaiser »das Abschreiben aller Rede und Gegenreden abschneide«, kann Karl V. nur lachen.

Der Kaiser läßt jetzt seine Gegner öffentlich am Haidplatz hinrichten und gibt Geheimbefehle für Meuchelmorde. Unverhohlen droht er dem protestantischen Regensburg, ist aber auch wieder so inkonsequent, daß er mit einer hübschen Bürgerstochter, der etwa 17jährigen Barbara Blomberg, ein Liebesabenteuer beginnt. Das protestantische Mädchen gebiert dem Kaiser im Jahr darauf einen Sohn – Don Juan d' Austria (1547–1578), der als 24jähriger die Türken bei Lepanto (Griechenland) bekriegt und besiegt.

Nach dem Abzug des Kaisers etabliert sich der Protestantismus dann endgültig in der Stadt. Ein paar Drohungen erreichen den Rat noch, doch das ist alles. Innerhalb des Burgfriedens wird Kirche für Kirche abgerissen. 1552 sind es drei. Ein Jahr später wird St. Oswald drunten an der Donau ein rein protestantisches Gotteshaus.

Der große Krieg

Ein zerrissenes und zerstrittenes Deutschland, das ist das Erbe Karls V., der 1556, ein Jahr nach dem Religionsfrieden in Augsburg, abdankt. Acht Jahre später tritt sein Neffe Maximilian II. (1527–1576) die Regierung an. Und dieser bekennt sich bereits zum protestantischen Glauben, was unter anderen der venezianische Gesandte wiederholt seinem Dogen nach Hause berichtet.

Auch auf dem Reichstag von 1576, den er am 25. Juni in Regensburg eröffnet, widerstreben Maximilian II. die Aktionen der Katholiken. Offiziell geht es zwar kaum mehr um Religionsfragen, doch ab und zu flackert der Hader wieder auf. Zentrales Thema ist aber die Türkengefahr. Die Feinde stehen bereits an der Ostgrenze des Reiches, und tagtäglich laufen in Regensburg neue Hiobsbotschaften von dort ein.

So schleppt sich mit letzter Kraft Maximilian II. nach Regensburg, wo er vor den Reichsfürsten eine erschütternde Rede über die Absichten der Türken hält und um finanzielle Unterstützung bittet, ja bettelt. Allein, er hat noch ganz persönliche Ängste. Ende August bekommt er auf den Genuß von Steinobst so viel Schmerzen, daß er, der ohnehin schon seit längerem kränkelt, nicht mehr aufstehen kann. »Seitdem bemerkte ich, daß es mit seinem Wohlbefinden zu Ende war«, meint der kaiserliche Leibarzt. Schnell eilt der Sohn des Kaisers, Rudolf, an das Krankenlager im Bischofshof.

Jetzt beginnt eine dramatische Szene. Vergeblich versuchen die Schwester des Kaisers und die Kaiserin, den Schwerkranken zum Beichten und zum Kommunionempfang zu bewegen. Der protestantische Arzt wird mit dem Kaiser nicht mehr allein gelassen, aus Angst, er könnte Maximilian noch beeinflussen. Der Hofkaplan, der päpstliche Legat und der spanische Gesandte beschwören den Sterbenden. Doch der Kaiser bleibt standhaft. Er sagt nur, daß er sich dem Willen Gottes ergebe. Sein Namenstag wird zu seinem Todestag (12. Oktober).

Wie der venezianische Gesandte am Kaiserhof meint, ist der Kaiser ein Mann, »der sich so gut der Worte, der Augen, jeder Bewegung des Körpers zu bedienen und aller Herzen zu gewinnen wußte«. Die Eingeweide des Toten werden im Regensburger Dom beigesetzt. Noch heute liegt im Regensburger Stadtarchiv ein Brief des Sultans an Maximilian II., dem »weithin berühmten Herrn unter den Großen und Mächtigen, von den Völkern des Messias und den sehr geehrten Vorstehern der Religion des Jesu«.

Genau zwei Wochen nach dem Tod seines Vaters wird Rudolf II. (1552–1612) zum deutschen König und damit zum Kaiser erkoren. Er schwört in Regensburg, »allem getreulich nachzukommen und zu tun, was uns als römischer König gebühret, als uns Gott helff«. Am Allerheiligentag ist im Dom feierliche Krönung. Aus Nürnberg werden die Reichskleinodien herbeigeschafft. Die anwesenden Fürsten und die Regensburger Bürger huldigen dem neuen Herrscher. Unter der Menge ist auch der berühmte dänische Astronom Tycho de Brahe (1546–1601), dessen Beobachtungen Kepler für seine drei Gesetze ausnutzt.

Kaum hat Rudolf II. Regensburg verlassen, zieht hier Ninian Winzet (1518–1592), der neue Abt von St. Jakob, in der Stadt ein. Er ist nicht nur ein wortgewaltiger Verfechter der Gegenreformation, sondern auch als Beichtvater und persönlicher Ratgeber der Maria Stuart, ein Vertrauter vieler europäischer Könige und Fürsten. So gelingt es ihm auch, das heruntergekommene Kloster, in dem zuletzt nur noch Abt Thomas Anderson († 1576) und sein Sohn hausen, zu retten und zu neuer Blüte zu bringen. Begraben ist Ninian in St. Jakob, wo im rechten Seitenschiff sein Epitaph steht.

Am 13. Mai 1594 kommt Rudolf II. wieder nach Regensburg. Mit großem Gefolge reitet er über die Steinerne Brücke. Sechs Ratsherren empfangen ihn mit allen Ehren. Unter einem gelben Damasthimmel, auf den der Reichsadler gestickt ist, zieht er zum Dom, wo ihn der Weihbischof erwartet. Die Regensburger jubeln ihm frenetisch zu. Bis zu seinem Tod schwärmt Rudolf von diesem Einzug.

Allerdings gibt es auf dem Reichstag viele Streitigkeiten. Besonders verärgert ist der Kaiser über die Wittelsbacher. So fertigt denn auch sein Kammerdiener den bayerischen Erbprinzen, den späteren Kurfürsten Maximilian I., in schroffer Weise ab.

Auf dem Reichstag weilt zusammen mit dem brüskierten bayerischen Herzogssohn auch für ein paar Tage Orlando di Lasso (1532–1594). Er ist in der Stadt kein Unbekannter mehr. Vor fast zwanzig Jahren hat er dem bekannten Emmeramer Abt Ambrosius Mayrhofer († 1583) »als ein sicheres Zeugnis meiner Ergebenheit und meiner immerwährenden Ehrerbietung« eines seiner Werke gewidmet.

Regensburg ist dem Kaiser bis zu seinem Ende die liebste Stadt im Reich. Er schätzt die Herzlichkeit und Anhänglichkeit seiner Bewohner ebenso wie Kunst und Gunst seines weithin bekannten Leibarztes Martin Ruland (1569–1611), eines Regensburger Mediziners, der sich nebenbei auch in der medizinischen Forschung engagiert. Noch 1611 hat Rudolf den Wunsch, von Prag in die Donaustadt zu übersiedeln und alle seine Kunstschätze mitzunehmen. »Ich achte es nicht mehr wert, hier in Prag zu bleiben, das Leben ist mir lieber«, erklärt er einmal. Er stirbt am 20. Januar 1612.

Kurz nach dem Tod Rudolfs beruft auch sein Nachfolger Matthias (1557–1619) einen Reichstag nach Regensburg ein. Auch ihm, der im Sommer 1612 hier eintrifft, bereiten die Regensburger einen pompösen Empfang. Aufsehen bei den Regensburgern erregt vor allem sein mit Gold, Perlen und Edelsteinen besetztes Kleid. Wie schon seine Vorgänger, wird auch er vom Magistrat am Burgfrieden mit einem golddamasten Himmel empfangen. Bitterböse zieht er allerdings im Herbst wieder ab. Seine finanziellen und politischen Abhängigkeiten von den Fürsten werden ihm nie bewußter als hier im Bischofshof von Regensburg.

Es ist der letzte große Regensburger Reichstag vor dem jahrzehntelangen Morden und Brennen. Und die restlichen sechs Jahre bringen ein bißchen den Vorgeschmack auf das Elend des Dreißigjährigen Krieges. Unmittelbar nach dem Abzug der Fürsten wütet in Regensburg die Pest, in den folgenden Jahren richten dann in seltener Konzentration Hochwasser, Dürre, Feuersbrunst und schließlich 1618 ein Eisstoß unermeßlichen Schaden in der Stadt an.

Im Dreißigjährigen Krieg selbst ist Regensburg dann eine der großen Schicksalsstädte des Kontinents. Hier werden Entscheidungen getroffen, die den Krieg immer noch mehr in die Länge ziehen und unermeßliches Leid über die Bevölkerung bringen.

1622/23 ist eine erste wichtige Station. Mitte November 1622 zieht Kaiser Ferdinand II. (1578–1637), der mit einer bayerischen Prinzessin verheiratet ist, mit über 2000 Pferden in Regensburg ein. Christian der Jüngere von Anhalt ist dabei. »An dem Stadtthor«, so schreibt er in sein Tagebuch, »war Sie (Ihre Mayestät) vom Rath empfangen wie

125

gebreuchlich und darnach unter einem himmel begleitet«. Er ist ein kranker Herr, dem »so übel wardt«, daß er sich sofort »in Ihr Losement, welches im Bischofshoff, Sich Zu Fuß verfügeten«. Später kommt der Leibmedikus, der ihm fleißig Arzneien verabreicht.

Um die Jahreswende ist der Kaiser aber wieder gesund. Er geht zum »Fuchsjagen«, besucht die Gottesdienste, gibt Audienzen, lädt zu Festtafeln ein, verhandelt mit den Reichsfürsten und läßt sichs ansonsten in den Prunkgemächern des Bischofshofes gut gehen.

Die Fürsten vergnügen sich in Tanzsälen, kaufen fleißig im Glückshafen Lose, drängen sich um den Kaiser, gehen auf Fuchs- und Frauenjagd, informieren sich im Rathaus über die neuesten Kriegsereignisse und polemisieren gegen die Absicht des Kaisers, den bayerischen Herzog zum Kurfürsten zu befördern.

Mitte Januar 1623, so erzählt Christian der Jüngere, ist dann die erste Session im Rathaus. Punkt eins der Tagesordnung: »Daß Ihr. Fstl. Dht. in Bayern mit der Chur Pfaltz investiret und wie weiterem Uebel vorgebeuget auch dem lieben Vaterlande der gewünschte friede restuiret werden möchte«.

In einer protzigen Feier wird dann Herzog Maximilian I. (1573–1651) die Kur übertragen. Unmittelbar nach der Belehnung sprengen die Kuriere vom Bischofshof zu den Stadttoren, um die Nachricht in ganz Europa zu verbreiten. Papst Gregor XV. († 1623) nimmt die Botschaft vom Norden »wie Himmelsmanna« auf, ebenso einige Protestanten. Sie sind nämlich davon überzeugt, daß der neue Kurfürst bald indirekt zu ihrem wichtigsten Verbündeten wird.

Im protestantischen Regensburg selbst ist man ebenfalls zuversichtlich. Auch hier halten die Ratsherren von Maximilian und seinen Prinzipien nichts. Sie trauen sich sogar vier Jahre später, den Grundstein zur Dreieinigkeitskirche zu legen, die immerhin eine der ersten protestantischen Kirchenbauten Deutschlands ist.

Wieder drei Jahre später, 1630, bewahrheitet sich das, was viele Protestanten vermuten. Maximilian bringt in Regensburg dem Kaiser, seinem mächtigsten Verbündeten im katholischen Lager, eine der größten Demütigungen der deutschen Geschichte bei. Schon sein prachtvoller Einzug mit seiner Gemahlin läßt die Selbstherrlichkeit des Wittelsbachers erkennen. Im Rathaus und Bischofshof fordert er dann in arroganter Selbstüberschätzung den Rücktritt des sieg- und erfolgreichen Wallenstein (1583–1634) und die Verminderung der kaiserlichen Armee. In der Hoffnung, daß sein Sohn Ferdinand (1608–1657) in Regensburg zum König gewählt wird, also aus rein dynastischen Überlegungen heraus, gibt der Kaiser tatsächlich auch nach. Wallenstein wird gestürzt. Wie lächerlich sich der Kaiser aber letztendlich in Regensburg macht, zeigt die Reaktion der Kurfürsten. Sie wählen seinen Sohn doch nicht. Zur gleichen Zeit trifft die Hiobsbotschaft in Regensburg ein: Gustav Adolf (1594–1632), König von Schweden und Protektor der Protestanten, landet mit seinen Truppen in Pommern.

Die törichte Politik des übermächtigen, aber niederträchtigen Kurfürsten aus München bringt jetzt Land und Leuten Not und Tod. Wallenstein wäre die einzige Alternative zu Gustav Adolf. So können die Schweden fast ungehindert nach Süden vorrücken. Maximilian muß sich schließlich selbst hinter den festen Mauern Regensburgs verschanzen, die Schweden ziehen in München ein.

In Regensburg vollendet sich aber 1630 noch eine zweite Tragödie, die des genialen Johannes Kepler (1571–1630). Er

127

hastet in diesem Jahr in die Stadt, um vom Kaiser die Begleichung seiner Schulden zu erreichen und, wenn möglich, ein gutes Wort für seinen Dienstherren Wallenstein einzulegen. Der Forscher, der hier 1613 im Dom die Sonnenflekken entdeckt und der lange Zeit unten an der Donau wohnt, ist ebenso ein Opfer des Krieges, der ihn außerdem noch um die ihm gebührende Anerkennung und um weitere Forschungsergebnisse bringt.

Ihm verdanken wir drei elementare kosmische Gesetze, die auch nach ihm benannt sind. »So wurde ich eine Braut, mit einer Krone von Planeten, einem Schleier aus Kometen«, so lauten die Worte seiner Gattin Susanne in der Hindemith-Oper »Harmonie der Welt«, der einzigen Oper, die in Regensburg spielt.

Indes der Dreißigjährige Krieg geht weiter. Zwei Jahre später schon ist der bayerische Kurfürst Maximilian am Ende seiner Weisheit. Am 4. Juni 1632 schreibt er aus Stadtamhof an seinen Bruder in Köln, »das arme Bairland« sei so verheert, daß er »es nit mehr khennen und ohne Mitleiden nit ansehen« könne. Im selben Jahr stirbt zu allem Unglück auch noch Tilly, der mit Abstand Tüchtigste im katholischen Heer. »Regensburg«, lautet sein letztes Wort. »Die Sorge um die Verteidigung dieses Schlüsselpunktes an der Donau hatte in den letzten Augenblicken alle Gedanken an Himmel oder Hölle aus dem sterbenden Geist des alten Haudegens vertrieben«, schreibt die englische Historikerin Wedgwood.

Es sieht schlecht aus für die Katholiken. Schon im Herbst des darauffolgenden Jahres 1633 umringen und bezwingen die Schweden Regensburg tatsächlich. Der bayerische Befehlshaber Troibreze wird zwar von Kurfürst Maximilian angewiesen, die Stadt bis zum Ende zu verteidigen, andernfalls werde er hingerichtet. Ihm wird ferner befohlen, im

Ernstfall Stadtamhof und die Häuser der Donauinsel anzu-
zünden. Die Protestanten sollten gegebenenfalls ausgewie-
sen werden. Ein Chronist berichtet: »Übler Zustand in der
Stadt des Tags, sowohl als des Nachts.«

Die Schweden aber sind trotz aller Vorsichtsmaßnahmen
nicht zu bremsen. Und die protestantische Bevölkerung, so
lauten Vermutungen, hilft auch tatkräftig zu ihnen. Die
nordischen Glaubensbrüder werden in der Stadt wie Be-
freier empfangen. An den Katholiken rächen sich aber die
Schweden mit großer Grausamkeit. Die größten Geiferer
und Eiferer unter ihnen werden sofort aufgeknüpft. Der
Prüfeninger Abt Andreas Pichler († 1633) wird mit großer
Entwürdigung von den Fremden fortgeführt und muß mit
dem Probst von St. Mang um sein Leben würfeln. Er verliert. Bischof und Prälaten werden in Fesseln abtranspor-
tiert, viele sieht man nie wieder. Die Nonnen der Damen-
klöster werden geschändet und dann zum Ehebund animiert
oder gezwungen.

Im übrigen ist auch die Beute enorm. Im Keller des Bi-
schofshofs finden die Schweden nach den Worten des Chronisten »einen unglaublichen Vorrath an Bacharacher Weinen«. Der Domschatz und andere goldene und silberne
Sakralgegenstände werden geraubt. Im Dom selbst findet
fast ein ganzes Jahr lang protestantischer Gottesdienst statt.
St. Emmeram verliert zwölf silberne Apostel. Bei der De-
montage des Springbrunnens im Kreuzgang gibt es allerdings technische Schwierigkeiten, so daß die Schweden von
ihrem Vorhaben ablassen.

Im Jahr darauf eröffnen die kaiserlichen Truppen von den
Winzerer Höhen aus das Feuer auf die Stadt. Über 15000
Schüsse donnern sie in sieben Wochen auf Häuser und
Türme, vornehmlich im Westen der Stadt. Zu allem Elend
wütet auch noch die Pest. Der Tod hält so reiche Beute, daß

129

Regensburg zu dieser Zeit keine tausend Bürger mehr zählt.

Nach der Einnahme der Stadt sucht sich jetzt Kurfürst Maximilian an den Protestanten zu rächen. Er verbietet sogar, die halb verhungerten Einwohner mit Lebensmittel vom bayerischen Umland aus zu versorgen. Doch umsonst! Die Regensburger, solche Erpressungsversuche gewohnt, geben nicht nach und bleiben protestantisch.

In Regensburg wird in diesen Kriegsjahren gerichtet und hingerichtet. 1633 enthauptet man den kaiserlichen Obristen Wolmar Farensbach (1586–1633) wegen Hochverrats. Er soll mit den Schweden zusammengearbeitet haben. Zwei Jahre später wird General Hans Ulrich Graf von Schaffgotsch (1595–1635) auf dem Haidplatz geköpft. Man beschuldigt ihn, mit Wallenstein gegen den Kaiser kollaboriert zu haben.

Unmittelbar nach der Einnahme der Stadt durch die kaiserlichen Truppen wird Schaffgotsch nach Regensburg gebracht, wo man ihn in ein Verlies des Alten Rathauses einsperrt. Regelmäßig muß er in die Folterkammer. Arme und Schenkel werden ihm auf den Rücken gebunden. Die Füße belastet man mit zwei Zentner schweren Steinen. Die Arme aber hängt der Scharfrichter an einen eisernen Haken, der ihn über ein Windseil in die Höhe zieht. Drei Stunden dauert diese Tortur, die mehrmals wiederholt wird. Dann werden ihm die Fragen vorgelegt. Schaffgotsch gibt aber den ihm vorgeworfenen Hochverrat nicht zu. Seine Bittgesuche an den Kaiser leitet man nicht weiter.

Im Juli 1635 erfährt er das Todesurteil. Die Jesuiten der Stadt, »diese Aasgeier«, wie der Regensburger Geistliche Christoph Donauer (1593–1655) sagt, bemühen sich um ihn. Sie wollen ihn zum katholischen Glauben bekehren. Er bleibt aber standhaft. Donauer nimmt ihm die letzte Beichte ab. Er schreibt über den Delinquenten: »Vor dem Todt hab Er sich nie geforchten, hat er Christlich geantwortet, ob er ihm schon offt so nahe sey gewesen, dass er ihn mit finger hat können erreichen«.

Als Schaffgotsch aus seinem Verlies im Rathaus herausgeholt wird, nimmt er sich trotz der zahllosen grausamen Foltereien noch einmal voll zusammen. Den Ratsmitgliedern der Stadt, die ihn mit entblößten Häuptern empfangen, reicht er soldatisch die Hand. Er dankt ihnen für seinen Friedhofplatz, sie wünschen ihm die ewige Seligkeit.

Draußen wartet auf ihn schon sein Wagen, der von sechs Schimmeln gezogen wird. Den Damen und Mädchen, die ihm aus den Fenstern zuwinken, grüßt er ritterlich zu. Wie ein heimlicher Sieger fährt er zu seinem Richtplatz. Ein Augenzeuge meint zu diesem Auftritt: »Habe ich gesehen, er ist so lustig in dem Wagen gesessen, als wenn er zu einem Tanze führe.«

Tausende sehen am Haidplatz der Hinrichtung des 40jährigen Grafen zu. Fast alle nehmen ihre Kopfbedeckung ab. Die Regensburger verehren Schaffgotsch wie einen Martyrer. Der Protestantismus wird in der Stadt noch fester, denn die Bewohner sind überzeugt, daß die Hinrichtung nicht dem Feldherrn, sondern dem Ketzer gilt. Das Grab des Grafen ist auf dem Dreieinigkeitsfriedhof, wo auch sein Epitaph steht.

Dieses Jahr 1635 macht den Kaiser nicht recht glücklich. Zwar müssen die Schweden Süddeutschland kurzfristig räumen, sein Sohn Ferdinand III. (1608–1657) wird jetzt auch in Regensburg zu seinem Nachfolger gewählt und gekrönt, doch tritt nun Frankreich in den Krieg ein. Die fürchterlichste Phase des Dreißigjährigen Krieges beginnt. »Das arme Regensburg«, wie Donauer schreibt, ist am Ende seiner Kräfte. Es ist nur noch eine Frage der Zeit, so meint er, wann »die Statt liegt in der Aschen«. Der Kaiser überlebt Schaffgotsch nicht mehr als um zwei Jahre.

Eine Bronzeplastik und ein Lied erzählen in Regensburg von Grausamkeiten und Greueln dieser Zeit. Etwa 1638 taucht in der Stadt das Lied vom »Schnitter Tod« auf, der Gewalt vom großen Gott hat. Es ist auf das Jenseits ausgerichtet – auf den »himmlischen Garten«. Der zügellose Krieg schlägt sich in jeder Zeile und Note nieder: »Was heut noch grün und frisch dasteht, wird morgen weggemäht.« Doch am Schluß bricht der Vers in einen eschatologischen Jubel aus: »Freu dich, schöns Blümelein.«

Das ergreifendste Kunstwerk des Dreißigjährigen Krieges ist die »Magdalena unter dem Kreuz«, das der Weilheimer Künstler Georg Petel (um 1590–1633), der »deutsche Michelangelo«, für die Niedermünsterkirche in Bronze gießt. Selten ist es einem abendländischen Künstler gelungen, Gestalt, Gesicht und Gebärde eines Menschen so schmerzerfüllt und packend darzustellen.

1641 legen Kaiser Ferdinand III. und seine Gemahlin während eines Reichstages den Grundstein für das Karmeliterkloster. Schon im Jahr darauf feiern die Regensburger im Gegenzug die hundertjährige Wiederkehr ihrer Reformation. Und wieder ein Jahr später wird in diesem häßlichen Schlagabtausch der Grundstein zu einer Lorettokapelle in Stadtamhof gelegt, von der aus die Vernichtung der »Ketzer« seinen Anfang nehmen soll.

Erst 1648 wird Friede geschlossen. Regensburg ist wie die meisten Städte des Reiches total ruiniert. Der Krieg hat niemandem genützt, weder den Katholiken noch den Protestanten. Aus den Korrespondenzen des neuen Regensburger Bischofs Franz von Wartenberg (1593–1661) geht das ganze Elend der Stadt und des Umlandes hervor. Die Geistlichen hausen in Scheunen und Schupfen, eine geregelte

Seelsorge ist unmöglich, den meisten Menschen fehlt das Notwendigste an Nahrung und Kleidung. Der Hungertod streckt noch Jahre danach viele Regensburger nieder. Was bleibt, ist die Hoffnung auf Frieden.

Zentrum des Zeremoniells

(1648–1806)

Adeliges Stadtleben

Der Friede nach dem schrecklichen Krieg wird zwar in Westfalen geschlossen, in Regensburg verhandeln aber die deutschen Landesherren über die Folgeerscheinungen. Und die Bedeutung Regensburgs im Reichsverband illustriert nichts deutlicher als die Tatsache, daß nicht nur die ersten Versammlungen des Heiligen Römischen Reiches Deutscher Nation hier stattfinden, sondern auch die letzten. Es sind zwar jetzt im Gegensatz zu früheren Jahrhunderten Reichstage ohne Bedeutung, da die Politik in den einzelnen Residenzstädten gemacht wird, immerhin ist die Stadt aber noch einmal Treffpunkt aller deutschen Herrschaften und Reichsstädte, faßt man zumindest den Reichstag von 1653 und die erste Zeit des Immerwährenden Reichstages ins Auge. Von den ausländischen Mächten sind in Regensburg unter anderem England, Holland, Norwegen, Spanien, Frankreich, Schweden, Rußland und Dänemark vertreten.

Der Immerwährende Reichstag (1663–1806) ist zwar der mit Abstand am längste und frequentierteste, er gleicht aber eigentlich genauso einem »Monstrum« wie das Reich selbst, was ja der bedeutendste Rechtsgelehrte der Zeit, Samuel Pufendorf (1632–1694), auch unverblümt ausspricht. Die Beratungen und Beschlüsse im Alten Rathaus haben kaum eine Auswirkung auf den politischen Alltag.

Die längste Zeit sind die Rathaustore auch verschlossen.

»Der Reichstag schläft, und wann er wieder erwacht, weiß ich nicht«, schreibt der königlich englische Gesandte George Etherege (1635–1692), der 1685 in Regensburg eintrifft, nach London. Und auch im 18. Jahrhundert können sich die Gesandten jahrelang, einmal sogar ein ganzes Jahrzehnt, Ferien gönnen, weil sie untereinander so zerstritten sind, daß sie sich nicht mehr zusammensetzen wollen oder sollen.

Wie der Reichstag so das Reich, und das ist nicht nur Pufendorfs Meinung. Am Ende dieses Immerwährenden Reichstages stehen dann auch die Auflösung des fast tausendjährigen Reiches, das unwiderrufliche Ende des Mittelalters und ein neues besseres Gesellschaftssystem.

143 Jahre gibt es in Regensburg nur Affairen und Skandale. Nicht der Reichstag, sondern die Geschehnisse der Nacht beschäftigen die diversen Gazetten und Gesandten. So ist für Napoleon (1769–1821) der Regensburger Kongreß »ein Affenhaus voll Lächerlichkeit und Bosheit der Tiere«. Friedrich der Große (1712–1786), der Regensburg einmal eine »gute Stadt« nennt, vergleicht die Reichstagsgesandten mit »den Hunden aus der Fabel, die den Mond anbellen«, und der bayerische Kurfürst Max Emanuel (1662–1726) bezeichnet sie schlicht als »Schulfüchse«, denen man auf die Finger klopfen müsse.

Für die Russen ist Regensburg ähnlich wie die sibirischen Siedlungen ein richtiggehender Verbannungsort. 1745 wird beispielsweise Graf Zachar Tschernyschow (1722–1784) zur Strafe an den Immerwährenden Reichstag geschickt, weil er sich in Katharina die Große (1729–1796) verliebt, wie die Zarin selbst in ihren Memoiren erzählt.

Wie die deutschen Fürsten allgemein den Reichstag einschätzen, zeigt ein Blick in den Re- und Correlationssaal des Rathauses, wo die Diplomaten tagen. In der zweiten Hälfte

135

des 18. Jahrhunderts sind von hundert Sitzen des fürstlichen Kollegiums nur noch 14 belegt, von 52 reichsstädtischen nur acht. Auch die Zahl der ausländischen Gesandten schwindet immer mehr.

Zum Ausgleich für fehlende politische Bedeutung ist Regensburg aber ein Zentrum reichhaltiger Festivitäten. Wenn die Bewohner der Stadt in der Früh ihr Tagwerk beginnen, begegnen ihnen die ersten heimkehrenden Gesandten. Selbstverständlich übersteigen diese Gewohnheiten die Kräfte der Diplomaten. Dafür gibt es zahlreiche Quellen. So schreibt ein hoher Prager Verwaltungsbeamter 1770: »Ich bin in der That froh, daß ich die Regenspurger Reise überstanden habe, dan das beständige Diner, Souper, Tanzen und außerordentliche Sauffen, mit welch allem wir alda die Faßnach beschlossen, könte etliche Duzent solche, wie wir zwey sind, in einer Nacht umbringen«.

So ist auch in Regensburg »viel weniger dafür gesorgt«, daß die Gesandten »zum gemeinen Besten sich berathschlagen, als daß sie mit Anstand und Bequemlichkeit schmausen und tanzen können«, berichtet 1781 der Berliner Schriftsteller Friedrich Nicolai (1733–1811).

Und noch etwas zeugt für die Bedeutungslosigkeit des Immerwährenden Reichstages. Nirgends in Europa gibt es so ein verrücktes Zeremoniell. Der Staatsrechtslehrer Johann Jakob Moser (1701–1785), der ein 50bändiges juristisches Werk schreibt, meint, daß in Regensburg »eine schwere Menge weitläufiger, mir selbst eckelhaffter und auswärtigen Nationen billig unbegreifflich scheinender Ceremoniel-Streit- und Kleinigkeiten fürkommen«.

Da wird ständig um die »erste Visite« der neuankommenden Gesandten gestritten, um Vortritt und Anrede, um Reihenfolge und Zuständigkeiten. Wenn ein Gesandter vor seine Kutsche vier Pferde anstatt zwei anspannen läßt, ist das genauso ein Politikum, das monatelange Briefwechsel nach sich zieht, wie eine falsche Titulatur. Wer bei einem Empfang mit seinen Füßen einen für ihn nicht bestimmten Teppich berührt oder gar für seinen Mantel eine falsche Farbe wählt, muß damit rechnen, daß sein »Fehlverhalten« sogleich alle Höfe Europas erfahren. Die Gesandtenbriefe sind voll von solchen Lapalien. Politische Analysen enthalten sie nicht, sieht man von einigen Ausnahmen ab.

Dieser Immerwährende Reichstag mit all seinen negativen Begleiterscheinungen bestimmt aber trotzdem das Bild dieser Stadt die ganze Barockzeit hindurch. Die Regensburger merken auch sehr schnell, daß die Gesandten das große Geschäft sein können und dann auch tatsächlich werden. Gasthäuser und Herbergen sind teilweise überfrequentiert, Bauern und Gärtner, Bäcker und Fleischer haben einen größeren Absatz, junge Regensburger werden oft als Hauslehrer, Schreiber, Heiducken, Pferdeknechte, Boten, Lakaien und Jagdgehilfen in den feinen Häusern angestellt und in der Regel gut entlohnt.

Und sie werden auch dringend benötigt, denn die Herrschaften sind sehr anspruchsvoll. Allein die Prinzipalkommissare, die Vertreter des Kaisers am Immerwährenden Reichstag, unterhalten einen Hof, der dem einer größeren Residenzstadt nicht viel nachsteht. Sie wohnen von Anfang an als Untermieter im Kloster St. Emmeram, »welches seiner Geräumigkeit und des äußern und innerlichen Aussehens, wie auch der zu observirung des Hergebrachten Ceremoniels adaptirten abtheilung halber hierzu bequem und tauglich ist«, wie ein österreichischer Gesandter an den Kaiser in Wien schreibt.

Die Gesandten wohnen in der Stadt großteils in eigenen Palais. Viele von ihnen, vor allem die kurfürstlichen, lassen deren Fassaden barockisieren oder ziehen nur in solche

Häuser ein, die entsprechend restauriert sind. So residieren beispielsweise die Diplomaten von Kurköln in der Deutschordenskommende (Barockfassade) neben der Ägydienkirche, die Gesandten Kursachsens im Löschenkohlpalais am Neupfarrplatz, die Deputierten Österreichs im Barockhaus Pfarrergasse und die Gesandten von Salzburg im Prüfeninger Hof (vormals barocke Anlage) am Bismarckplatz.

Getagt und beraten wird offiziell in den Sälen und Salons des Alten Rathauses. Im großen Re- und Correlationssaal, einem mittelalterlichen Tanz- und Vergnügungsraum, nehmen die Gesandten der deutschen Kurfürsten auf Bänken, die auf zwei rotüberzogenen Stufen stehen, Platz. Die Bänke der fürstlichen Gesandten an den beiden Längsseiten sind auf einer grünüberzogenen Treppe angebracht. Die Vertreter der Reichsstädte sitzen auf nicht erhöhten einfachen Bänken am Ende des Saales.

Die Beauftragten des Kaisers nehmen auf einem Fauteuil unter einem Baldachin zwischen den kurfürstlichen Diplomaten an der Stirnseite des Raumes Platz. Der Stuhl steht auf vier rotüberzogenen Stufen. In den meisten Fällen aber läßt sich der Prinzipalkommissar vom sogenannten Konkommissar, einem rechtskundigen Adeligen, vertreten.

Prinzipalkommissare sind unter anderem die Fürstbischöfe Guidobald von Thun (1616–1668) aus Salzburg, der ein passionierter Jäger und großer Gesellschafter ist, Sebastian von Pötting (1628–1689) aus Passau, der nach Auskunft des englischen Gesandten Etherege nur »seine Ruhe haben will«, Johann Philipp von Lamberg (1651–1712), ebenfalls aus Passau, der sich fast nur von Sauerkraut und Speckwürsten, seinem Lieblingsgericht, ernährt und damit die Diätanordnungen seiner Ärzte außer Acht läßt, und Christian August von Sachsen-Zeitz (1666–1725), ein Musikliebhaber und verschwenderischer Gastgeber.

Von den weltlichen Fürsten, die der Kaiser zu Prinzipal-
kommissaren in Regensburg ernennt, sind vor allem Ferdinand August von Lobkowitz (1655–1715) zu nennen, der
den Immerwährenden Reichstag ein ganzes Jahr lahmlegt,
weil er bei einer Unterschrift »das Wort Fürst nicht ganz
ausgeschrieben, sondern nur ein F gemacht hatte« (Johann
Jakob Moser), und Joseph Wilhelm von Fürstenberg
(1699–1762), ein lebenslustiger Herr, der sich ein Vergnügen daraus macht, daß seine Gattin samt Hofdamen sehr oft
»mit Kreischen und Geschwätz« durch den Schlafraum der
Mönche von St. Emmeram schlendern und sie auf andere
Gedanken bringen. Die drei letzten Prinzipalkommissare
(von 1748 bis 1806) stellt ununterbrochen das Haus Thurn
und Taxis, das mit seinem Postbetrieb zu den größten und
reichsten Unternehmungen Europas zählt.

Die Einzüge der Prinzipalkommissare sind in der Regel
prächtig und oft mehrere Kilometer lang. Von ihren Festen
und Empfängen in St. Emmeram sprechen fast alle europäischen Zeitungen. Auf den Banketten werden Kostbarkeiten
aus der ganzen Welt serviert: Früchte aus Spanien, Nord-
afrika und China, Langusten aus Schott- und Griechenland,
Schinken aus Italien und Frankreich und Süßigkeiten aus
dem Orient.

Die Weine stammen aus Italien, Frankreich, Spanien und
den deutschen Anbaugebieten. Und es wird nicht wenig getrunken! Vom ersten Prinzipalkommissar Guidobald von
Thun sagt die schwedische Königin Christine (1626–1689),
er könne »ein Fäßchen Wein austrinken, ohne betrunken zu
sein«. Trinken ist eine Ehrensache, und viele Fürsten und
Freiherren halten sich etwas zugute, wenn man von ihnen
sagt, sie hätten ihren Verstand vertrunken, wie der badische
Staatsrechtler Heinrich Wilhelm von Bülow in seinen Werken berichtet.

Bei wichtigen Anlässen, wie Vermählungen und Geburten an den Heimathöfen, laden die Gesandten sogar die Regensburger ein und lassen ihnen an verschiedenen Plätzen der Stadt Brunnen installieren, aus denen roter und weißer Wein fließt. Verschiedene Klöster dulden es sogar, daß ihre Kreuzgänge zu Trinkstuben umgebaut werden.

Berühmt sind auch die Tanzfeste in St. Emmeram. Die Musikkapellen sind so gut, daß sie sogar die Komponisten Mozart und Christian Friedrich Daniel Schubart ausdrücklich loben. Die Mönche des Klosters werden oft genug beim Chorgebet gestört und entdecken nicht selten in Nischen und kleinen Kammern Liebespaare, wie aus den Klageschriften der Abtei zu entnehmen ist.

Überhaupt sind die Adeligen ein sehr freizügiges Völkchen. Liest man die Depeschen, die die Gesandten an ihre Kommittenten schicken, so ist da sehr häufig von neuen Mesalliancen, morganatischen Ehen, Liebesabenteuern, Liebeshändeln und Duellen wegen diverser Damen die Rede.

Die Gesandten hätten nichts anderes zu tun, als »Huren zu jagen«, berichtet George Etherege nach London. Nach außen seien sie zwar »ehrenhaft«, sonst aber hätten sie keinerlei Hemmungen. Und selbst »in der Liebe« seien die Gattinnen und Töchter der Diplomaten von der »Geisel des strengen Zeremoniells« angesteckt. »Und niemals ein Besuch ohne Form. Das heißt, sich zuvor genau erkundigen, um wieviel Uhr sie die Hure spielen wollen.« Soweit Etherege!

1672 weiß der königlich schwedische Gesandte Reinhold Blum (1617 – um 1685) zu berichten, daß seine Kollegen »ein fröhlich leben führen«. Weiter meint er, »daß einige Weiber, bey denen Abgesandte logirt, wild worden sind«.

Bekannt sind im ganzen Reich die Schlittenfahrten in Regensburg. Jede Dame erhält durch Los einen Partner zugewiesen und ist damit einverstanden, sich ihm hinzugeben, wenn es ihm während der Fahrt gelingen sollte, sie bei einer Wegkreuzung nach hinten zu ziehen und zu küssen.

Diese Spielregeln erregen den Protest gewisser klerikaler Kreise genauso wie das Auftreten der 32jährigen Maria Christina von Seilern (1754–1791), der Gattin des böhmischen Gesandten, die in dem Schauspiel »Die sieben Todsünden« die Rolle der Unkeuschheit vor einem erlauchten Kreis darstellt und eine Art Striptease beginnt, wie entrüstet der österreichische Gesandte Jahre später berichtet.

Die Gesandtenbriefe, die heute in den Staatsarchiven von Wien, Dresden, Hannover, London, Paris, München und Düsseldorf lagern, geben ein sehr anschauliches Bild von den Ausschweifungen des Adels, von denen im folgenden nur die kuriosesten aufgezählt werden: Da ertappt Prinzipalkommissar Ferdinand von Lobkowitz (1655–1715) seine Gattin beim Gottesdienst in St. Emmeram, wie sie ihrem Galan ein Zeichen gibt. Der Prinzipalkommissar lauert darauf seiner Angetrauten auf und überrascht sie in flagranti.

Die Mätressenwirtschaft des Prinzipalkommissars Carl Anselm von Thurn und Taxis (1733–1805) ist so offensichtlich, daß die Gattin des Fürsten drei Mordversuche vorbereitet. Nach ihrer Verhaftung gibt sie ihr Verhältnis zu einem Mann zu, von dem sie dann auch ein Kind erwartet. Die Schwiegertochter Carl Anselms, Mathilde von Thurn und Taxis (1773–1839), reist mit ihren Kavalieren in ganz Europa umher und stellt sie auch offiziell als solche vor. Nie und nirgends macht sie einen Hehl daraus, daß ihr die illegitimen Kinder genauso am Herzen liegen wie die legitimen.

Der Regensburger Bischof Johann Theodor (1703–1763), ein Wittelsbacher Sproß, amüsiert sich mit seinen Mätres-

141

sen in seinem Ismaninger Landschloß. Er scheut sich nicht einmal, seine 17jährige Tochter Maria († 1778) in sein Schlafgemach zu locken. Und Peter Gerl (1718–1781), Benediktinerabt von Prüfening, treibt sich in München mit einer sehr einflußreichen Baronin herum und ist ansonsten der Auffassung, Gelübde und Geliebte seien durchaus kein Widerspruch.

Bekannt ist in der Stadt Domherr Joseph von Neuenstein (1764–1846), der eine Bibliothek erotischer Bücher und Bilder hat. Ein anderer adeliger Geistlicher, ein Baron von Greifenberg, liebt seine eigene Schwester, die von ihm mindestens acht Kinder hat.

Am Ende des 18. Jahrhunderts erregt dann ein Flugblattkrieg großes Aufsehen. Zunächst wird ein Zettel verteilt, auf dem die Geistlichen, die einen »unreinen Umgang mit dem weiblichen Geschlechte« haben, attackiert werden. Darauf folgt 1796 eine anonyme Erwiderung, in der steht, daß der »Klerus ersten Ranges«, also die Bischöfe, Äbte und Domherren, »dem Publikum mehr Stoff zu Klagen darbieten«. In Regensburg unterhalten sich »so gar biedere Menschen« von jetzt an über die Amouren und Abenteuer der hohen Geistlichen, wie die handgeschriebenen Zeitungen melden, die nur der Adel abonnieren kann.

Eine dieser Zeitungen, die heute in großer Zahl im Haus-, Hof- und Staatsarchiv in Wien lagern, stellt auch die Frage, was die Gesandten am Immerwährenden Reichstag eigentlich leisten. Die Antwort bleibt der Redakteur zwar schuldig, doch geht man die Listen der weit über tausend Diplomaten, die in Regensburg in den 143 Jahren akkreditiert sind, durch, so entdeckt man wenig bedeutende Persönlichkeiten, die neben der Pflichtkorrespondenz etwas zu Wege bringen.

Die Ausnahmen sind schnell aufgezählt. So ist der englische

Gesandte Etherege ein berühmter Poet, der hinreißende Liebesgedichte verfaßt und ein Hauptvertreter der comedy of manners ist. Bischof von Amiens wird der französische Gesandte Marc Marie Marquis de Bombelles (1744–1822), und der Mainzer Boineburg (1622–1674), ein Freund von Leibniz, ist ein bekannter Alchemist.

Graf Königsfeld (1679–1750), bayerischer Diplomat, wird Reichsvizekanzler, Johann von Seilern (1646–1715) schickt man während seiner Regensburger Mission nach Ryswyk zu den Friedensverhandlungen, von wo aus er sich wieder in sein »sanfftes Regenspurg« sehnt. In Wien entwirft er Jahre später die Pragmatische Sanktion.

Der preußische Gesandte Johann von Schlitz, genannt Goertz (1737–1821), dessen Denkmal in den Grünanlagen der Schottenstraße steht, ist ein berühmter Staatsrechtler. Er schreibt »Historische und politische Denkwürdigkeiten«, in denen er auch auf die Bedeutungslosigkeit der Reichsversammlung eingeht. Seine Tochter Karolina Louise († 1843) heiratet 1794 Johannes von Labes († 1831), der den Namen Graf von Schlitz annimmt und über die Regensburger Gesellschaft sehr interessante »Denkwürdigkeiten« verfaßt.

Ein bekannter Literat, dessen Bildung allenthalben gelobt wird, ist der dänische Diplomat Carl Heinrich von Gleichen (1733–1807), dem die Stadt in den Grünanlagen nächst dem Helenentor das Denkmal mit der Sphinx widmet.

In Regensburg weilen weiter Elias Pufendorf (1628–1689), der Bruder des deutschen Verfassungsrechtlers Samuel Pufendorf, als Vertreter Dänemarks und Norwegens, dann der schwedische Gesandte Magnus Olof Biörnstierna (1741–1785), ein Sohn des Erzbischofs von Uppsala, Christian Oertel (1718–1777), ein sächsischer Legationskanzlist, der mehr als zehn Staatsrechtsbücher schreibt, und der bekannte Staatsrechtler und kurbraunschweigische Gesandte

143

Dietrich von Ompteda (1746–1803), dessen Hauptwerk »Literatur des gesamten sowohl natürlichen wie positiven Völkerrechts« 1785 in Regensburg erscheint. Der Freisinger Gesandte Graf Kaspar von Sternberg (1761–1838), Domherr und Freimaurer, verfaßt botanische Bücher. Über ihn, der jahrelang mit Goethe korrespondiert, schreibt der große Dichter einmal: »Der größte Gewinn aber, den ich in diesen Tagen zog, war die Bekanntschaft des Grafen Sternberg.«

Als Dichter macht sich insbesondere Wolfger von Hohberg (1612–1688), ein österreichischer Emigrant, einen Namen. Er schreibt in Regensburg das einzig vollendete Heldengedicht (»Der Habsburger Ottobert«) des Jahrhunderts. Sein bekanntestes Werk ist aber ein Buch über das »Adelige Land- und Feldleben«, das in fast allen Bibliotheken des Landadels steht. Hohberg ist zwar kein Gesandter, er gehört aber doch der vornehmen Adelsschicht an.

Eine der originellsten und bedeutendsten Adelspersönlichkeiten ist der kursächsische Diplomat Peter Johann von Hohenthal (1735–1819), ein lustiger und listiger Gesellschafter, dessen Assembleen in Paris, Potsdam und Petersburg gelobt und gerühmt werden. Von ihm sagt man, er trage eine äußere Würde zur Schau, als sei er der Repräsentant eines ganzen Kontinents. Er bewohnt das prächtige Rokokopalais am Neupfarrplatz, das der Linzer Stadtbaumeister Johann Michael Prunner entworfen und gestaltet hat. »Schwerlich wird man leicht irgendwo ein besseres Haus als das Hohenthalische finden«, erklärt der Sohn des kurbraunschweigischen Gesandten Ompteda.

Hohenthal ist ein freigiebiger und freizügiger Gastgeber. Sein Reichtum gestattet es ihm, seinen Gästen das Beste aus Küche und Keller zu servieren. Zudem ist er ein Unterhalter par excellence, ein Mann voll Elan und Esprit, wie es ihn unter den Diplomaten nicht ein zweitesmal gibt. Über seine

144

Georg Greflinger (um 1620–1677), einer der größten Dichter seiner Zeit, bei der Abfassung seiner Darstellung des Dreißig-jährigen Krieges. Photo: Bayerische Staatsbibliothek München.

Franciscus Rothfischer
Philos. in Academia Julia Carolina
Helmstadii Professor Publ.

Pater Gregor (Franz) Rothfischer (1720–1755), einer der angesehensten Gelehrten seiner Zeit, wird im Kloster St. Emmeram so
schikaniert, daß er nach Sachsen flieht und dort protestantisch
wird. Das Bild stammt aus dem Regensburger Stadtarchiv.

Erzählungen schmunzelt oft die ganze Stadt. In Paris, so gibt er einmal zum Besten, habe ihn die Dubarry gesehen und ihn sofort in ihren Salon gelockt, wo es zu einer feurigen Liebesbegegnung gekommen sei.

Mit seinen Späßen und Speisen bringt er seine Gäste in eine solch ausgezeichnete Stimmung, daß er von ihnen allerlei Neues erfährt. Der österreichische Gesandte Ferdinand von Trauttmansdorff (1749–1827) spricht das auch offen aus. Er meint einmal, man müsse sich vor Hohenthal in acht nehmen, denn es sei ihm nie, »selbst im Augenblick nicht, wo er am freundschaftlichsten und aufrichtigsten zu sein scheint, vollkommen zu trauen«.

Hohenthal ist mit einer berühmten Schönheit, der Gräfin Johanna von Rex (1750–1803), verheiratet. Der Berliner Nicolai meint, sie sei »eine der schönsten und vortrefflichsten Damen, die ich je gesehen habe«. Sie ist weiter eine exzellente Musikerin mit einer »vortrefflichen Stimme«.

Bekannt ist sie aber vor allem als feurige Liebhaberin, zu der die jungen Verehrer über eine Leiter steigen. Als ihr einmal einer ihrer Galane wegen einer fremden Schönheit aus Dänemark wegläuft, kommt es in Regensburg fast zu einem Skandal, der nur mit Mühe von einigen Gesandten verhindert wird.

Selbstverständlich ist Regensburg wegen des Immerwährenden Reichstages und der Präsenz vieler mehr oder weniger reicher Adelsfamilien eine vielbesuchte Stadt. Die Gästeliste ist enorm. Viele kommen nur aus Neugierde, andere erhoffen sich hier Aufträge und Gelder. Das »Regensburgische Diarium«, das periodisch erscheint, enthält Name, Stand und Beruf der Gäste.

Von den bildenden Künsten werken und wirken hier unter anderem »die glory Edle Herren Gebrüder Asam« in St. Emmeram und der Augustinerkirche, der Wessobrunner Paul Anton Landes (1712–1764), der die Stuckarbeiten in St. Kassian macht, Ignaz Gunezrhainer (1698–1764), der bei der Barockisierung der Augustinerkirche mitarbeitet, Franz Anton Ney († 1758), Bildhauer und Stukkator von Prüfening und Weltenburg, Martin Speer (1702–1765), der sein Hauptwerk in Frauenzell vollbringt, Simon Sorg (1708–1792), der Altäre in Dechbetten und in der Alten Kapelle verfertigt, Joseph Franz von Goez (1754–1815), der als Illuminat nach Regensburg flieht und als Portraitist der Gesandten genauso bekannt ist wie Gottfried Valentin Mansinger (1737–1817), dann der Tiermaler Johann Elias Ridinger (1698–1747) und Christoph Agricola (1665–1724), ein zu seiner Zeit berühmter Landschaftsmaler.

Von den großen Musikern weilen Mozart, der hier »eine göttliche Tafel-Musik« hört, Haydn, Johann Pachelbel (1653–1706), der bedeutendste Komponist vor Bach, Johann Jakob Küffner (1727–1786), Theodor Schacht (1748–1823), der in Wien sogar Napoleon begeistert, Joseph Touchemoulin (1727–1801), ein ebenfalls bekannter Komponist, Franz Xaver Pokorny (1729–1794), der allein 109 Symphonien komponiert, und Joseph Riepel († 1782), von dem einige Werke bis vor kurzem noch Mozart zugeschrieben wurden, in der Stadt.

Von den großen Dichtern und Denkern sind unter anderem Goethe (»Regensburg liegt gar schön«) und möglicherweise seine Mutter (»ein garstiger orth«) hier, weiter Hölderlin (1770–1843), Achim von Arnim (1781–1831), Friedrich Wilhelm Schelling (1775–1854), der Berliner Schriftsteller Friedrich Nicolai (1733–1811), der Regensburg sehr lobt (»Überhaupt ist wohl keine Reichsstadt der Aufnahme der Fremden so günstig, als Regensburg«), Ernst Moritz Arndt (1769–1860), der die Stadt »himmlisch entzückend« findet, Emanuel Schikaneder (1751–1812), der Librettist der »Zauberflöte«, Johann Christoph Gottsched (1700–1766) und Caroline Schlegel-Schelling (1763–1809), die hier ein »brilliantes Concert« erlebt.

1772 trifft in Regensburg Eva Katharina König (1736–1778), die Braut und spätere Gattin Lessings, ein. Sie übernachtet im »Schwarzen Adler«, dem ehemaligen Wohnhaus Aventins (1972 abgerissen), wohin ihr Lessing die »Emilia Galotti« zu einer ersten Begutachtung schickt.

Seine Schulzeit verbringt in Regensburg der damals weit über die bayerischen Grenzen hinaus bekannte Dichter Johann Beer (1655–1700). Er ist bei fast allen Veranstaltungen in der Stadt dabei. »Ich lieffe sogar von der Lection hinweg, und ließe meine Topic, den Suetonis und Horatius, auf der Tafel liegen, wann ich hörte, daß die Klopff-Fechter oder sonsten etwas artiges, in der Stadt herum trommelte, davon ich ein großer Liebhaber ward«, schreibt er in einem seiner zahlreichen Romane.

Nach Regensburg verschlägt es auch große Naturwissenschaftler, wie zum Beispiel Jakob Christian Schäffer (1718–1790), dessen Familie dann hier bleibt. Seine Sammlung von Schwämmen, Insekten, Schnecken, Käfern und Pflanzen sucht nahezu jeder Besucher der Stadt auf. Sein Gästebuch, in das sich auch Goethe einträgt, ist voll von berühmten Namen. Seine Methode der Papierherstellung wird überall sehr gelobt.

Luftballonversuche macht in Regensburg Joseph Maximilian von Lütgendorf (1750–1829), von dessen »vorzüglicher Geschicklichkeit in der Experimentalphysik« immer wieder die Zeitungen berichten. Im April 1785 verfertigt er drei »ärostatische Maschinen«, die »in dem Hochfürstlich Thurn und Taxischen Palais losgelassen werden«.

Ebenfalls in der zweiten Hälfte des 18. Jahrhunderts kommt der Hannoveraner Heinrich David Hoppe (1760–1846) nach

Regensburg. Er gründet hier die erste botanische Gesellschaft der Welt. Bekannt zu seiner Zeit ist auch der Physiker Johann Philipp Ostertag (1734–1801), der 30 naturwissenschaftliche Bücher verfaßt.

Von den Regenten ist fast alles, was Rang und Namen hat, in der Stadt des Immerwährenden Reichstages, darunter nahezu jeder Kaiser und jede Kaiserin, ihre ersten Beamten, wie Prinz Eugen, und die große Anzahl der Feld- und Freiherren, der Fürsten und Fürstbischöfe, der Komtessen und Kardinäle. Sie bringen Leben in die Stadt, ihnen zu Ehren werden große Feste arrangiert, ihnen machen Bürger und Bauern die Honneurs.

Die Bürgerschaft

Im Gegensatz zum Adel wird der Bürger in Regensburg lediglich als »zweibeiniges Vieh« angesehen. Noch am Ende des 18. Jahrhunderts findet sich am »Weißen Lamm«, dem bei der Steinernen Brücke gelegenen Nobelhotel, wo unter anderem Goethe, Mozart, Haydn und Arndt absteigen, folgender diskriminierender Spruch: »Wie die Pfirsiche und die Melonen sind für den Mund des Herrn Baron,/ So sind die Ruten und Stöcke für die Narren, sagt Salomon«.

Die Devise der Bürger ist klar: Dem Adel dienen und daran verdienen. Und so finden es Leitung und Zeitung der Stadt von Jahr zu Jahr selbstverständlicher, daß die Einwohner immer mehr zum reinen Objekt der feinen Klasse werden. In erschütternder Deutlichkeit sagen die Quellen aus, daß es sich die meisten Frauen, die meisten Mädchen der Stadt zur Ehre anrechnen, von einem blaublütigen Galan hofiert und honoriert zu werden. Wenn sich gar ein Adeliger »herabläßt« und mit den Bürgern Umgang pflegt, ist das für sie ein persönliches Erlebnis ersten Ranges.

148

Es stimmt zwar, daß in der Stadt ausgezeichnetes Bier gebraut wird. Die Nadler verfertigen so gute Fischangeln, daß sich die Holländer und Engländer darum reißen. »Zwey hier sich niedergelassene Familien machen, mahlen und brennen Coffee-Becher, von welchen jährlich mehrere hunderttausende über Wien nach der Türkey versandt werden«, schreibt der vielgereiste Schriftsteller und ehedem in schwedischen Diensten stehende Jonas Heß (1756–1823) um 1790.

Die Regensburger können weiter eine Qualitätsbaumwolle herstellen, die »selbst auf den Frankfurter und Leipziger Messen ein begehrter Artikel ist«. Regensburgs Seife wird in die Schweiz und nach Frankreich exportiert. Die Pistolen der Regensburger Büchsenschmiede »sind in der ganzen Welt bekannt«, meint Heß. Vornehmlich die Schweden sind die besten Kunden.

Die Regensburger Sattler bauen »vorzüglich schöne und tüchtige Chaisen«, die vor allem nach Österreich exportiert werden. Auf Regensburger Klavieren, die bis nach Rußland verkauft werden, spielt sogar Mozart. Berühmt in Europa ist die Glockengießerfamilie Schelchshorn, die um 1700 im Auftrag von Königen und Kurfürsten arbeitet. Von ihr stammen unter anderem auch die Domglocken.

In Bayern bekannt ist der Stadtamhofer Maurermeister Michael Wolf, der zusammen mit seinem Bruder Joseph Kirche und Kloster von Weltenburg baut. Als Kurfürst Max Emanuel 1722 den Rohbau besichtigt, meint er ganz begeistert: »Wir hatten nit geglaubt, daß Wir solche Paumeister in Unsern Landten haben.« Michael Wolf ist unter anderem noch in Prüfening, Hemau und Alteglofsheim tätig. Sein Sohn Christoph baut die Barocktürme von Weltenburg und Abensberg und die Klostergebäude von Rohr.

An qualifizierten Handwerkern ist in Regensburg also kein

Mangel. Allerdings versteht es die Stadt nicht, Fabriken zu bauen, eine Industrie zu gründen, Handel zu treiben. »An Künstlern und geschickten Handwerkern fehlt es in Regensburg nicht; aber an Fabriken und Manufakturen ist Mangel vorhanden«, heißt es 1786 deswegen folgerichtig in der »Geographie der Freyen Reichsstädte«, einem damals weitverbreiteten Buch.

Und 1797 stellt verwundert der Regensburger Bibliothekar und Pädagoge Albrecht Kayser (1756–1811) fest: »Regensburg, beynahe in der Mitte des südlichen Teutschlands, an einem so großen schiffbaren Strome, auf welchem es seine Waaren bis ins Schwarze Meer versenden könnte, treibt übrigens kaum so viel Handel als irgend eine mittelmäßige Landstadt.« Und für einen anderen Chronisten, den weitgereisten Hess, ist es unerfindlich, »weshalb das zum Handel so wohlgelegene Regensburg doch so wenig Handels-Verkehr treibt«.

Kaufmannsgeist mittelalterlicher Größenordnung finden wir eigentlich nur bei Georg Friedrich von Dittmer (1727–1811), der als 25jähriger nach Regensburg kommt. Er, der bei Roman Anton Boos (1730–1810) in München arbeiten läßt, hat Verbindungen zu den Kontoren in ganz Europa und in Westindien. Seine Handelswaren sind hauptsächlich Wein, Wolle und Wachs, Salz, Kupfer und Quecksilber. Einige Regensburger machen woanders ihr Glück, wie Johann Arnold Dimpfel (geb. 1677), ein schwerreicher Hamburger Kaufmann, dessen Vater noch in Regensburg wohnt.

Den Grund für den Verfall spricht Jonas Heß auch aus. Er gibt dem Immerwährenden Reichstag eine nicht unbeträchtliche Schuld, »daß der Unternehmungs-Geist und die Industrie so geringe und so muthlos in der Stadt wohnen«. Wäre der Immerwährende Reichstag nicht da, so folgert

Heß, würden sich die Einwohner »dem Handel, dem Manufakturwesen, der Donauschiffahrt widmen«.

Abt Peter Gerl (1718–1781) von Prüfening faßt die Situation 1762 zusammen: »Regenspurg, unser Edles Regenspurg, diese uralte Hanse-Stadt, der würdige Sammelplatz deren Geschäften des sammetlichen Heiligen Römischen Reichs in allen Hochansehnlichen Gesandtschafften, jener glückseelige Aufenthalt deren hohen Wissenschaften, und schöner freyen Künsten, jener Wohnsitz so vieler Frömmigkeit, und Säugamme der alt-teutschen Redlichkeit.« Gerl spricht vom Reichstag, von Wissenschaften und Künsten. Von Arbeit und Handel, die die natürlichen Fundamente der Wissenschaften und Künste sind, ist dagegen keine Rede.

Und was macht der Magistrat? Er imitiert den Adel mit seinen lächerlichen Differenzierungen und spricht, wie Andreas Schmeller (1785–1852) noch am Ende des Immerwährenden Reichstages meint, »im Tone des 15. Jahrhunderts«. Der freie Bürger, einst Stolz der Stadt, ist nicht mehr gefragt. Die Einwohner haben das anzuziehen, was man ihnen vorschreibt. Wer die Kleiderordnung verletzt, wird bestraft. Man darf nicht mehr frei reden, nicht nach Gutdünken ausgehen, nicht einmal mehr seine Nachbarn anreden, wo und wie man will, und nicht mehr essen und trinken, was und wieviel einem schmeckt.

Es gibt plötzlich Tauf-, Trau- und Trauerordnungen, die strikt eingehalten werden müssen. 1689 beispielsweise erläßt der Rat eine mittelalterliche Hochzeitsordnung, mit der er die Bräuche der Bräute fast unerträglich reglementiert. Darin heißt es unter anderem: »Die kostbare Braut-Kleider und weißes Gezeug, prächtige Kästen und Bettstätte, stattliches Bettgewandt und Fürhänge, werden hiemit bey Befahrung der Confiscation, oder auch, nach Beschaffenheit, anderwärtiger Straffe, ernstlich verboten.« Am Hochzeitsmahl dürfen nicht mehr als 52 Gäste, »bey Straffe sechs Thaler für jede Person«, teilnehmen.

Wenig später verbietet der Magistrat einem Brautpaar sogar das Hochzeitsmahl, da sich die Braut als Jungfrau titulieren läßt, obwohl sie schon schwanger ist. Wegen ihrer Empfängnis muß sie sogar ins Gefängnis.

Vom normalen Bürger hört man nicht viel. Er richtet sich nach dem, was ihm die Obrigkeit vorschreibt. Die Huldigungseide, zu denen die Einwohner in Scharen geführt werden, zeigen deutlich, was man von ihm hält. Er ist in den Augen des Adels eine Kreatur, die vor den Chaisen und Sänften nicht genügend Kratzfüße machen kann.

Freilich materiell geht es den Einwohnern besser als den übrigen Stadtbewohnern des Reiches. Hier wirft der Adel das Geld gleichsam zum Fenster hinaus. So muß kaum jemand hungern, frieren oder eines Arztes entbehren. Hier gibt es etwas zu sehen und zu erzählen, man kann relativ gute Zeitungen abonnieren und leicht eine Arbeitsstelle finden.

Über die Lebensqualität des Regensburgers berichtet 1787 Jakob Christian Gottlieb Schäffer (1752–1826), ein beliebter Stadtmedikus, ausführlich in einem Buch: »Etwas früher Feyerabend und ein Glas Bier mit einem Pfeifchen Toback ergötzen ihn. Die Sonn- und Feyernachmittage bringt er meist in Besuchung eines nahen Wirtshauses zu und theilt im Sommer dieses Vergnügen mit seiner Hauswirthin. Lose Leute sagen den Regensburgern nach, daß sie gern trinken.«

Albrecht Kayser schreibt 1797, daß sich in Regensburg »Luxus, Sittenverderbnis und freiere Denkungsart« breit machen. »Überhaupt nimmt der Hang zum Vergnügen immer mehr in Regensburg überhand. Man ißt und trinkt gern gut und viel. Im Ganzen genommen geht man aber nicht spazieren, um frische Luft zu schöpfen oder der schönen Natur zu genießen, sondern um wieder zu essen und zu trinken und die Langeweile mit einem Spiel zu tödten.«

Trotz eines geruhsamen Lebens und der Devotion gegenüber dem Adel bringt Regensburg neben ein paar hervorragenden Handwerkern auch Künstler und Wissenschaftler hervor, die in Deutschland einen Namen genießen. Wenn es stimmt, daß eine entsprechend aufgeschlossene Umwelt Bedingung für das Heranreifen großer Talente ist, dann ist der Regensburger Bürgerschaft ein gewisses Kulturniveau nicht abzusprechen. Natürlich kann es sich mit dem von Augsburg und Nürnberg nicht vergleichen, doch machen immer wieder geborene Regensburger von sich reden. Unter anderen erblicken hier das Licht der Welt: die Dichter Johann Prasch und Georg Greflinger, der Journalist Friedrich Melchior Grimm, die Naturwissenschaftler Georg Friedrich Brandner, Johann Daniel Geier, Georg Adam Agricola und Johann Nepomuk Mälzel und von den bildenden Künstlern Otto Gebhard, Johann Zoffany und Elias Räntz.

Der wohl bedeutendste Regensburger der Barockzeit ist Johann Prasch (1637–1690), dessen Werke zu den Spitzenleistungen Deutschlands gehören. Er verfaßt unter anderem den Roman »Damon und Lisille«, in dem er seine Ehe und Gefühle beschreibt. Noch zwölf Jahre nach seinem Tod steht im Vorwort zu einem seiner Werke der Satz: »Nicht leicht findet man eine Stadt in Deutschland, welche auf die Studien mehr verwendete und die Vertreter der Wissenschaft mehr ehrte als Regensburg.«

Prasch ist am 4. April 1637 in der Donaustadt geboren und studiert nach seiner Schulzeit am Gymnasium Poeticum an den Universitäten Jena, Straßburg und Gießen die Rechtswissenschaften. In Regensburg wird er bald Syndikus, Innerer Rat, Bürgermeister, Consistorialpräsident und schließlich Direktor des Reichsstädterats am Immerwährenden Reichstag. Als engagierter Protestant bemüht er sich um eine Verständigung der beiden großen Religionen.

Regensburg, »die heitere Stadt an der Donau«, bezeichnet Prasch als die »ältere Tochter der ersten Kaiser«, die »zwar klein an Raum, doch übergroß an Berühmtheit« ist. Die Gelehrten werden den Namen Regensburg verbreiten, »solange noch Mädchen im Reigentanz Venus verehren«. Der Dichter stirbt am 11. Juni 1690 und wird auf dem Friedhof St. Peter in der Nähe von Keplers Grab beerdigt.

In oder in der Umgebung von Regensburg geboren ist Georg Greflinger (um 1620–1677), der 1653 zum Dichter gekrönt wird. Er hütet als Junge »an der Asch« die Schafe. Als Vollwaise, der Dreißigjährige Krieg raubt ihm Eltern und Geschwister, wird er von Hunger und Elend in die Stadt getrieben, wo er das Gymnasium Poeticum besucht. Von 1632 an irrt er in Nürnberg, Magdeburg, Prag, Ungarn, Wien, Dresden und Danzig umher und führt ein sehr unbekümmertes Leben:

> »Ich raste, buhlte, tobte,
> Was ich am besten lobte,
> War Sünde.«

1642 kehrt er kurz nach Regensburg zurück. Währenddessen betrügt ihn seine Danziger Braut. 1647 geht er nach Hamburg, wo er den »Nordischen Merkur« herausgibt. Er schreibt ausgelassene Trinklieder, Liebesverse und Spottgedichte auf lüsterne Greise. Obwohl er schon längst in Hamburg arbeitet und dort zu hohen Ehren kommt, kann Greflinger seine Heimatstadt zeit seines Lebens nicht vergessen. Auf den Titelblättern seiner Bücher bezeichnet er sich gern als »Regenspurger« oder setzt zu seinem Namen oder Pseudonym das Attribut »von Regenspurg« oder »von der Donau« hinzu. Mit besonderer Anteilnahme gedenkt er seiner Heimatstadt in seiner großen Darstellung des Dreißigjährigen Krieges. »Das gute Regenspurg« mit der »festen Brück, auf der drey Thürme stehn«, bezeichnet er als den »Damm« der Kaiserstadt Wien.

Ein Regensburger ist auch Friedrich Melchior Grimm (1723–1807), einer der wortgewaltigsten Journalisten des 18. Jahrhunderts. Er geht 1748 nach Paris, wo er bald zum Sekretär des Herzogs von Orleans avanciert und Mitarbeiter der »Correspondance littéraire, philosophique et critique« wird, die zweimal im Monat erscheint. Zu seinen begeisterten Lesern gehören unter anderem Goethe, Friedrich der Große, Katharina II. von Rußland und Kaiser Joseph II.

Albrecht Kayser, Jakob Christian Schäffer, Christian Gottlieb Dimpfel, Plato Wild, Georg Heinrich Paricius und sein Sohn Johann Karl Paricius sind diejenigen Regensburger, die uns über die Paläste und Plätze, die Kirchen und Klöster, aber auch über die Regensburger und ihre Gewohnheiten und Bräuche berichten. Vor allem aber schildern sie uns die vornehme Gesellschaft am Immerwährenden Reichstag. »Regensburg ist eine der fürnehmsten und berühmtesten Städte in Teutschland. Ihr Vorzug ist unstreitig.« So urteilt Georg Heinrich Paricius (1675–1725). Er schreibt drei Bücher über »das jetzt lebende Regensburg«. Sein Sohn Johann Karl (1705–1760), wie der Vater Notarius, unterrichtet uns über Gotteshäuser und Gesandtschaften in der Stadt.

Dimpfel (1709–1781), »ein treu und eifrig gewesener Prediger« (Totenbuch der Stadt), verfaßt eine umfangreiche vierbändige Chronik über sein »beglücktes und durch die heilsame Reformation gesegnetes Regensburg«. Er ist Protestant und deckt mit Vorliebe Fehler und Vergehen der Katholiken auf.

Sein Glück in Augsburg macht Georg Friedrich Brandner (1713–1783), der von 1734 an physikalische, astronomische und medizinische Geräte in der Fuggerstadt entwirft. Da seine Instrumente teilweise erheblich besser als die damals begehrten englischen Fabrikate sind, erhält er bald Rufe aus ganz Europa.

Geboren in Regensburg ist auch Johann Daniel Geier (1660–1735), ein Arzt, der 1678 die Ablagerung mitteloligozänen Meeressandes mit den darin eingeschlossenen Tierresten entdeckt. Geier schreibt daneben mehrere medizinische Abhandlungen. Wegen seines Könnens beruft ihn der sächsische Kurfürst zu seinem Leibmedikus.

Zwölf Jahre nach ihm wird in der Stadt der berühmt-berüchtigte Georg Adam Agricola (1672–1738) geboren. Er legt in zahlreichen Veröffentlichungen ein Rezept vor, wie man in kürzester Zeit Bäume wachsen lassen kann. Mit seinen angeblichen Künsten und Schriften kommt der gelernte Arzt zu viel Geld, viele meinen, unverdientermaßen.

Viel Geschäft mit der Musik macht Johann Nepomuk Mälzel (1772–1838), ein geborener Regensburger. Er fällt schon früh in der Gesellschaft der Reichsstadt als guter Klavierspieler auf. Doch bald wendet sich sein Interesse den automatischen Musikgeräten zu. Er wandert 1792 nach Wien, wo er das Panharmonikon und das Metronom erfindet. In seiner Werkstätte wird er öfter von Beethoven besucht, der mit ihm sogar eine Reise nach England plant. Seine Erfindungen bringen dem Regensburger viel Geld. Allein aus Boston erhält er einmal 400 000 Dollar, aus Paris 60 000 Franken. Mälzel stirbt als angesehener Mann in den Vereinigten Staaten.

Eine stattliche Garde stellt Regensburg auch auf dem Gebiet

der bildenden Künste. Zu den bedeutendsten gehören Geb-
hard, Zoffany und Räntz. Otto Gebhard (1703–1773) ist ei-
ner der großen Barockmaler Bayerns. Er ist 1703 als ältester
Sohn des Malers Johann Gebhard, eines Asamschülers, in
Regensburg geboren. Seine großen Werke vollbringt er in
St. Rupert, St. Emmeram, in Frauenzell und vor allem in
Hohenschambach.

30 Jahre nach Gebhard ist in Regensburg Johann Zoffany
(1733–1810) geboren, der später am Trierer, Wiener und
Londoner Hof arbeitet. Er ist Schüler von Martin Speer und
portraitiert viele Adelige und die großen Künstler seiner
Zeit, darunter Mozart.

Sohn eines in Regensburg tätigen Wein- und Metschenkes
ist der Bildhauser Elias Räntz (1649–1732), der früh nach
Venedig und Rom geht und bald zum Hofbildhauser in
Bayreuth berufen wird, wo er unter anderem den Markgra-
fenbrunnen baut. Zu seinen bedeutendsten Werken zählen
noch der Hugenottenbrunnen in Erlangen und die Moses-
kanzel in Pilgramsreuth.

Die Klöster: Forscher, Hexengeistliche und Barockprediger

Auch in der Barockzeit sind die Klöster, vor allem St. Emmeram, St. Jakob und St. Georg (Prüfening), die Stützen
des kulturellen Lebens in Regensburg. Sie bringen zahlreiche Wissenschaftler hervor, die in Deutschland hohes
Ansehen genießen, denken wir nur an Kennedy, Steiglehner, Rothfischer und Kornmann. Allerdings steht über der
Wissenschaft die Religion. Mönche, die zu unliebsamen
Forschungsergebnissen kommen, werden sofort kaltgestellt. Lediglich einer, Nonnosus Häckl aus St. Emmeram,
entkommt der Inquisition.

Wie schon vor der Jahrtausendwende ist auch jetzt noch

St. Emmeram der große Motor. Von den acht Preisen der Historischen Klasse der Bayerischen Akademie, die zwischen 1776 und 1790 vergeben werden, erringt es sechs.

Die ersten zwei Äbte des 18. Jahrhunderts in St. Emmeram sind noch biedere Priestergestalten, ohne Glanz und ohne Ausstrahlungskraft. Abt Johann Hemm (1645–1719), ein geborener Regensburger, kümmert sich ein bißchen um die Klostergebäude und den Nachwuchs. Sein Nachfolger Wolfgang Mohr (1666–1725), so berichtet ein Regensburger Prediger, sitzt »immer zu Haus, wie ein einsamer Spatz auf dem Dache«.

Anselm Godin (1677–1742) ist dann der erste Fürstbischof in St. Emmeram. Ihm gefällt das Innere seiner romanischen Klosterkirche nicht mehr. Deshalb holt er 1731 die Brüder Asam und läßt seine Kirche so gründlich nach dem Zeitgeschmack barockisieren, daß der Prüfeninger Abt Gerl einmal ausruft: »Dieses Gold- und Kunstreiche Gottes Haus, dieser Vorhof des Himmels.«

Godin entfaltet in St. Emmeram einen Prunk, wie er lange nicht mehr gesehen wurde. Ausdrücklich stellt sein Leichenprediger fest, daß der Himmel Godin deshalb zum Abt gemacht habe, weil er »der Welt, den Engeln und den Menschen zu einem heiligen Schauspiel dienen würde«.

Die letzten drei Äbte des Klosters, Kraus, Forster und Steiglehner, gehören zu den besten Vorstehern von St. Emmeram überhaupt. Johann Baptist Kraus (1700–1762), ein Maurinerschüler, fördert und fordert die Wissenschaftler in der Abtei, wo und wie es nur geht. Er steht mit Kardinal Angelus Quirini (1680–1755), dem päpstlichen Bibliothekar, über Jahre hinweg in ausführlichem Briefwechsel. Seine größte Sorge gilt der Bibliothek, für die er schon als Cellerar verantwortlich ist. »Wie die Einhorn«, so erklärt der Prüfeninger Abt Gerl in seiner Trauerpredigt auf Kraus,

»ihren Werth und Waffen an der Stirn, also weisete Er die Kraft an seinem Hirn«. Der Prüfeninger lobt seine »Kopf-Arbeiten« und meint, daß »sowenig Rachel ohne Kinder Kraus nicht ohne Bücher leben konnte«.

Frobenius Forster (1709–1791) macht aus St. Emmeram eine Akademie. Schon als Salzburger Professor scheut er sich nicht, auch Christian Wolff (1679–1754), den rationalistischen Dogmatiker, in seinen Vorlesungen zu behandeln. In St. Emmeram öffnet er das Archiv, legt ein Münzkabinett an und führt als Lehrplan die bis dahin vernachlässigten Naturwissenschaften ein. Forster, »dem die weiseste Fürsehung nur die neun ersten und letzten Jahre des 18. Jahrhunderts entziehen wollte«, gibt die Werke Alkuins, des Theologen Karls des Großen, heraus, was nach Meinung des Augsburger Hofrates Georg Wilhelm Zapf (1747–1810) »seinen Namen unsterblich« macht. Er benützt dazu Quellen aus Italien, Frankreich, England und Spanien. Zapf sagt: »Nicht Gelehrten allein, sondern auch als Menschenfreund, als einen angenehmen Gesellschafter, munter und aufgeweckt, alles in seiner Person vereinigt, trifft man ihn an, und es muß jedem Vergnügen seyn.«

Forsters Nachfolger Coelestin Steiglehner (1738–1819) ist ein berühmter Naturwissenschaftler, der mehrfach mit einem Preis der bayerischen Akademie ausgezeichnet wird. 1781, zehn Jahre vor der Abtwahl, wird er Lehrstuhlinhaber der Mathematik an der Ingolstädter Universität. Er ist der erste deutsche Gelehrte, der Vorlesungen über Meteorologie hält, eine Wissenschaft, die für Bayern ungeheuer wichtig sei, wie er selber sagt. Den Posten eines Mannheimer Hofastronomen lehnt Steiglehner ab. Als Abt hebt er für seine Untertanen als einer der ersten deutschen Landesherren die Frondienste auf.

St. Emmeram direkt entstammt Karl Klocker (1748–1805), Professor für kanonisches Recht, den man 1789 denunziert. 1796 wird er »ganz unverdientermaßen«, wie er selbst sagt, Abt von Benediktbeuren.

Oft und oft in St. Emmeram weilt Pater Johann Jakob Lanz († 1785), einer der großen bayerischen Empiriker, der nicht zurückschreckt, seine Nahrung mit Eisenspänen zu mischen. Zu Versuchszwecken trägt er auch immer einen Magneten bei sich, der ihm aber 1785 in Regensburg bei einem Spaziergang zum Verhängnis wird. Wie die Zeitgenossen annehmen, zieht der Magnet einen Blitz an, der Lanz sofort niederstreckt. In München bricht daraufhin eine große Trauer aus. Freiin Maria Franziska von Heppenstein (1749–1805), eine aufgeklärte Dame der vornehmen Münchner Gesellschaft, meint, er habe »eine mehr als Gaßnerische Kraft in seinen elektrischen Händen«. Gaßner ist zu dieser Zeit ein berüchtigter Teufelsaustreiber, von dem noch die Rede sein wird.

Neben den Naturwissenschaftlern gibt es in St. Emmeram eine ganze Reihe bekannter Chronisten. Jakob Passler (1705–1772), Nonnosus Häckl (1691–1754) und Rupert Aign (1729–1813) ragen dabei besonders heraus. Die beiden Äbte Godin und Kraus führen zwei Regensburg-Chroniken ihres enorm fleißigen Vorgängers Abt Coelestin Vogl (1614–1691) fort.

Von den Historikern ist vor allem Roman Zirngibl (1740–1816) zu nennen, dem Abt Forster ein »ungeheucheltes Lob« zollt. Er erhält mit seinen plastischen und praktischen Darbietungen viele Akademiepreise und Anerkennungsschreiben.

Wie alle guten Historiker projeziert auch er seine wissenschaftlichen Ergebnisse auf die Gegenwart. Und da erfährt die Gesellschaft ein vernichtendes Urteil. Er schimpft auf

Ferdinandus
Dux Sagani in Silesia
Princeps a Lobkowiz.

Fürst Ferdinand von Lobkowitz (1655–1715) legt den Immerwährenden Reichstag ein ganzes Jahr lahm, weil er bei einer
offiziellen Unterschrift anstatt »Fürst« nur ein »F« schreibt.
Der Originalstich wird in der Deutschen Staatsbibliothek in
Ostberlin aufbewahrt.

Peter Johann von Hohenthal (1735–1819), einer der bedeutendsten und beliebtesten Gesandten am Immerwährenden
Reichstag. Das Portrait ist dem Kupferstichkabinett in Dresden
entnommen.

die »hochadeligen Müßiggänger« und den »alles an sich rei-
ßenden und alles auffressenden Adel«. In seinen Predigten
ist er so scharf, daß die Bauern in der Propstei Haindling (bei
Straubing), die er von 1788 bis 1794 betreut, offen die Französische Revolution begrüßen. 1800 entrinnt er in Haindling nur knapp einem Mordanschlag.

Ein zweiter Historiker von Rang ist noch Coloman Sanftl
(1752–1809), der einen Handschriftenkatalog (8. bis
15. Jahrhundert) verfaßt und eine »Geschichte« seines Klosters entwirft. »Des Augenlichts beinahe beraubt«, so die
Inschrift seines Grabsteines im Vorhof von St. Emmeram,
»wünschte er (Sanftl) nichts anderes mehr zu sehen als Je-
sus Christus«.

Johann Enhueber (1736–1800) bereitet eine Ausgabe des
Rhabanus Maurus vor und vergräbt sich »gleichsam unter
die Kodices«. Eine Vita Steiglehners schreibt Placidus Heinrich (1758–1825), der aber im Hauptfach Naturwissenschaftler und Sternforscher ist und dafür Preise von der
Münchner Akademie erhält.

Das umfangreichste theologische Werk eines Emmeramers
stammt aber von Nonnosus Häckl, der 1724 mit seinem
tausend Seiten umfassenden Traktat »Theologischer Glaubens-Tugend« herauskommt. Darin nimmt er zu allen
denkbaren Fragen Stellung. Einige seiner Thesen: »Mit
Un-Catholischen sich verheyrathen ist allzeit gefährlich.
Die Ketzer übertreffen mit ihrer Boßheit der Heyden
Greuel. Außer der Römisch-Catholischen Kirche kan niemand seelig werden. Nicht herzhaffte Geist-Männer, sondern heyllose Gesellen haben den Glauben der Römischen
Kirchen bestritten. Vom heyrathen enthalten sich die Priester nur, damit sie zur Andacht aufgemuntert sind. Ein Bischoff, oder Priester, oder Diaconus, welcher auf einer Hu-
ren-That oder Meineyd, oder Diebstahl erdappt wird, soll

abgesetzt, doch nicht von der Gemeinde ausgeschlossen werden.«

Mut bringt Häckl aber in seinem Kapitel über die Päpste auf. In ihm geht er mit den römischen Verhältnissen teilweise arg ins Gericht. Er schimpft auf unwürdige Päpste wie Sergius III. (†911), der die »Kirche Christi höchst geärgert« habe und »vielleicht an Leib und Seel zugleich« gestorben sei, und auf seinen leiblichen Sohn Johann XI. (†935), einem »Schandfleck des Römischen Stuhls«.

Wichtiger aber ist Häckls Feststellung, daß auch Päpste irren können. »Erhellet demnach offentlich, daß etwelche Päbste in diesen und dergleichen quaesionibus facti müssen gefehlt haben.« Unter anderem habe die Entdeckung Amerikas ein Fehlurteil von Papst Zacharias (†752) an den Tag gebracht. Zacharias, so fährt Häckl fort, sei nämlich der Meinung gewesen, daß es keine Antipodas (»solche Menschen, die gerade unter uns und mit den Füsen gegen uns wohnen«) gebe und habe den heiligen Vigilius, der anderer Meinung war, deshalb sogar gebannt.

Übel ergeht es dagegen seinem Konfrater Gregor Rothfischer (1720–1755), einem der angesehensten Gelehrten des 18. Jahrhunderts. Er baut nicht nur als erster bayerischer Theologe die Aufklärung in die Theologie ein, sondern ebenso die Mathematik und vor allem die Geschichte, die er einmal als »eine Sittenschule für alle Menschen« bezeichnet. Da seine Vorsteher in St. Emmeram der Ansicht sind, daß »dieser Eifer unzeitig« sei, Rothfischer aber seine Idee weiterverfolgt, kommt es zum Krach. Der Mönch wird wiederholte Male zum Abt zitiert, von dort zum Weihbischof geschickt, vom Prior traktiert und von den Jesuiten der Stadt in den Fastnachtsspielen verspottet, und das alles, obwohl Kardinal Quirini ihn und seine Thesen verteidigt. Nach jahrelangen Querelen und Quälereien verweigert ihm

Abt Kraus die Druckerlaubnis für den ersten Band seines umfangreichen Buches »Ablaß- und Jubeljahr«. Die Argumente sind Rothfischer bekannt. Es sei unmöglich, so behauptet der Klostervorsteher, »in der Theologie zu philosophieren«, er kritisiert abermals die »mathematische Methode« und schließlich Rothfischers historischen Aspekt. Während einer Aussprache wirft der Abt seinen Mönch aus dem Raum, der indignierte Weihbischof schlägt am Ende einer Besprechung sogar »seine Stubentür mit solcher Gewalt zu, daß, wenn er meine Hand würde erwischt haben, ich itzo nicht viel mehr schreiben dürfte«, wie Rothfischer berichtet.

Der Mönch weiß, daß er jetzt erledigt ist. So beschließt er, Glaube und Kloster aufzugeben und nach Sachsen zu fliehen, wo ihm Gesandte am Immerwährenden Reichstag ein sicheres Exil versprachen. Vorher reist er aber noch nach Salzburg, wo er ohne die geringsten Schwierigkeiten die kirchliche Druckerlaubnis für sein Buch erhält. Der Foliant, den er Abt Kraus widmet, ist – sieht man von der Kritik am Ablaßwesen und einigen Geistlichen ab – brave und biedere Theologie und kennt längst nicht die Extravaganzen, wie Häckl sie sich erlaubt.

Da Rothfischer in Salzburg einen ihm bekannten Geistlichen trifft, der deswegen unablässig ausgepeitscht und verprügelt wird, weil er konvertierte, verfolgt er sofort seine ursprünglichen Pläne wieder. Unter vielen Vorkehrmaßnahmen gelingt ihm schließlich die Flucht, die in den Augen des bayerischen Gesandten am Immerwährenden Reichstag, Joseph Maria von Neuhaus (1698–1758), »zum größten Scandal« wird. Rothfischer tritt in Leipzig zum protestantischen Glauben über, erhält eine Professur in Helmstedt und berichtet ausführlich von der »Inquisitionsgefahr«, in der er sich befunden habe.

In Regensburg aber beginnt ein wahres Kesseltreiben gegen den konvertierten Mönch. Eine Flut von Druckschriften wird ediert. Er habe nicht nur gestohlen, so heißt es darin, sondern auch seine Schulden nicht zurückbezahlt – »ein schändlicher Charakter«. Plötzlich kommt man auf seine Jugendliebschaft in Ingolstadt und Dillingen und seine »Liebesintrigue zu München«. Man hat es nicht vergessen, daß er im November 1750 mit seiner Geliebten, einer Haindlinger Köchin, in einem Postwagen nach München kutschierte und sie in der Residenzstadt karessierte. »Man hat Original Briefe, man hat lebendige Zeugen«, geifert ein Gegner Rothfischers.

Ganz Seelsorger ist dagegen Caspar Erhard († 1729), dessen »Christliches Hand-Büchlein« mehrmals aufgelegt wird. Er mißtraut der Wissenschaft, denn er weiß, wie gefährlich sie dem Glauben werden kann. »Die Gelehrten trauen oft zu viel auf ihren Verstand, auf ihr Wissen und sind also nicht so tüchtig zum einfältigen Glauben, wie die Ungelehrten und Einfältigen.« Noch das ganze Jahrhundert hindurch wird sein Büchlein überall in Deutschland vertrieben und gelesen.

In St. Jakob beginnt das 18. Jahrhundert mit Abt Placidus Fleming (1642–1720), einem ehemaligen Seeoffizier. Er gründet in Regensburg ein Seminar für junge Schotten, »das Meister-Stuck aller seiner Verrichtungen«, wie es in einer Predigt heißt, und eine brauchbare Bibliothek.

1735 kommt Ildephons Kennedy (1722–1804) aus der Grafschaft Perth in das Schottenseminar. Er wird nach seinen Erfurter Studien Professor für Mathematik und Physik. Nach dem Tode von Abt Bernhard Stuart (1706–1755), einem berühmten Salzburger und Petersburger Mathematikprofessor, »der sich mit einem hölzernen Stuhle und einem kupfernen Wassergeschirre begnügte« (Placidus Scharl), leitet er das Seminar. Fünf Jahre später wird er auf Wunsch von Kurfürst Max III. Joseph (1727–1777), der viele Kennedy-Bücher liest, als Nachfolger von Johann Georg Lori (1723–1787) Sekretär der Bayerischen Akademie.

Zu den großen Wissenschaftlern Regensburgs gehört auch Benedikt Arbuthnot (1737–1820), der letzte Abt von St. Jakob, dessen Vorfahren Vertreter des schottischen Protestantismus sind. Arbuthnot, »ein mannhafter Greis mit der reinen Sinnes-Art eines unverdorbenen Kindes« (Graf Labes), ist Mitglied der Akademie in München und gibt einige Bücher heraus. Unter anderem schreibt er Abhandlungen über die Kräfte der Körper und Elemente und erörtert die Frage, ob es Mittel gebe, ein Gewitter zu vertreiben. Fast alle seine wissenschaftlichen Studien werden mit Preisen und Medaillen ausgezeichnet.

Lehrer im Schottenkloster ist Peter von Osterwald (1718–1776), der von vielen als ein Revolutionär angesehen wird. Osterwald gibt nämlich 1766 ein höchst umstrittenes Buch heraus, in dem er behauptet, daß der Staat überhaupt nicht von der geistlichen Gewalt abhänge. Die Schrift kommt sofort auf den Index librorum prohibitorum. Doch der bayerische Kurfürst Max III. Joseph verteidigt das Werk und ernennt Osterwald zum ersten Direktor des geistlichen Rates.

Ebenso setzen sich in Prüfening mehr und mehr die Wissenschaften durch. Überragender Abt ist Rupert Kornmann (1757–1817). Er erhält Rufe nach Salzburg, Neuburg und Stuttgart, lehnt sie aber alle ab. Sein Spezialgebiet sind die Naturwissenschaften. Im Jahr seiner Abtwahl, 1790, wird er Ehrenmitglied der Bayerischen Akademie. Was ihn aber vor allen anderen auszeichnet, ist sein reger politischer Spürsinn. Spätestens seit seiner Berufung zum Abt prophezeit er Reich und Kirche eine düstere Zukunft. 1791 wendet er sich von »dem rauschenden Getöse veralteter Kleinigkeiten« ab, verachtet den Zeremonialrummel, das barocke Spektakel. Zu einer Zeit, da in Regensburg der Immerwährende Reichstag wegen Titularschwierigkeiten stockt, sieht der Prüfeninger Abt das Ende seiner Epoche heraufziehen.

Professor in Prüfening ist Wunibald Reichenberger (1697–1769) aus Cham. Neben zahlreichen Schriften und Predigten übersetzt er mehrere dicke Wälzer vom Italienischen ins Deutsche. Sein Konfrater Maurus von Schenkl (1749–1816) gibt um die Jahrhundertwende die dreibändige »Ethica Christiana« heraus.

Besonderer Wertschätzung erfreut sich Marianus Königsperger († 1769), der in Prüfening 50 feierliche Messen, neun Vespern, drei Requien, zwölf Litaneien, zwölf Sonaten, acht Orgelkonzerte, zehn Symphonien und zahlreiche Lieder, Fugen und Offertorien schreibt. Mit seinen Werken verhilft er seinem Verleger zu großem Reichtum. Unverständlich ist für ihn die Vorliebe des adeligen Regensburgers für italienische oder französische Musik. »Wollte man manchem Music-Werk aus Teutschland einen welschen Namen aufschreiben, so würde das Werk einen Schatz gelten«, erklärt er einmal ganz erbost.

Von den Augustinern der Stadt sind vor allem zwei Namen zu nennen: Agnellus Candler (1692–1745) und Theodor Grünberger (1756–1802). Letzterer ist wie Königsperger ein begehrter Komponist. Er kommt 1790 nach Regensburg und wird im Augustinerkloster für zwei Jahre Organist. Nach einem Liebesabenteuer, bei dem er ertappt wird, beginnt seine schöpferische Periode. Bekannt ist vor allem seine Missa Brevis B-Dur. Agnellus Candler, ein geborener Regensburger, schreibt Geschichtsbücher und einen »Unterricht über die teutsche Sprache«. Bekannt wird er vor allem aber als Herausgeber des »Parnassus Boicus«, der ersten aufgeklärten Zeitschrift Bayerns.

Trotz aller wissenschaftlichen Leistungen geht es in den Klöstern teilweise immer noch sehr ausgelassen zu. Die adeligen Stiftsfräulein von Ober- und Niedermünster und die Nonnen von Heilig Kreuz schenken illegitimen Kindern das Leben. Von den Emmeramer Mönchen wissen wir, daß sie spielen, jagen, schlemmen, tanzen und Schauspielerinnen in ihre Zellen einladen. Einer »saufet sich in Champanier-Wein zu todt«, ein anderer verspielt in kurzer Zeit ein Riesenvermögen.

Doch die Geistlichen sind auch wegen ihrer Grausamkeiten bekannt. Im Kloster Heilig Kreuz werden Nonnen, die bei der Flucht erwischt werden, einfach getötet. Die Nonne Göschel, die 1670 zum zweitenmal ausbricht, aber erwischt wird, mauert die Vorsteherin zur Strafe bei lebendigem Leibe ein.

Die Kapuziner der Stadt sind die gefürchteten Hexengeistlichen. Sie geben den denunzierten Geschöpfen »ire Benediction mit Rauch, Teufels-gaisln, Weychbrunn«. Wiederholt werden sie gerufen, die »Hexen« zu verhören und zu beschwören. Sie zwingen ihre Opfer, Weihwasser zu trinken und nehmen ihnen innerhalb kurzer Zeit dutzendmale die Beichte ab. Schließlich binden sie ihre Opfer an einen Pfahl, erwürgen sie und übergeben sie im Namen Gottes dem brennenden Scheiterhaufen. Besonders aktiv werden die Regensburger Kapuziner in der Umgebung Straubings und Regensburgs. Im protestantischen Regensburg selbst ist ihr Einfluß nicht so groß.

Von den Kanzeln ziehen Geistliche über brave und biedere Gläubige her, diskriminieren die Frauen und Mädchen. Ehe und Liebe werden als eine Erfindung des Teufels hingestellt, Andersdenkende und -gläubige beleidigt.

So warnt Archangelus a Sancto Georgio (1661–1718), der 1683 in Regensburg seine Gelübde ablegt, immer wieder vor der Ehe. »Wer von den Banden und Ketten der Welt befreyet seyn will, der muß das Ehe-Band, wie die Band-Eysen und Fuß-Schellen fliehen«, verkündet er. Die Frauen, »die von Natur blöd und schwach seynd«, bezeichnet er als »ein fressendes Pfand, ein kostbares Thier, das zu ihrer Erhaltung gar vil bedarff«. Ist eine Frau schön, »so ist sie nit wohl zu hüten, weilen sich mehr darain verlieben«. Ist sie aber häßlich, »so ist dem Mann wiederumb nit geholfen, dann wer soll gern ein Sach besitzen, die niemand anderer mag«.

Noch eingehender beschäftigt sich mit diesem Thema Clemens von Burghausen (1693–1731), einer der wortgewaltigsten Kanzelredner Bayerns. Er wirkt in Niedermünster und hält hier seine großen Ansprachen. Nach seiner Meinung ist all jenen der Himmel sicher, »die sich mit dem anderen Geschlecht nit verunreiniget« haben. So sei Feldherr Tilly auf Erden schon so stark gewesen, weil seine Hand »niemahl ein schwaches Weibsbild befasset«. Clemens rät den Regensburgern: »Fliehet die unreine Gespräch, geile Lieder, freche Gemähl, unverschamte Kleidung, verbuhlte Romantzen, böse Gesellschaften, verdächtige Häuser, gefährliche Täntz und alles, was die Augen zur Geilheit könte anreitzen, die Ohren einnehmen und das Hertz anlokken«.

Neben dem Totschlag sei die Unkeuschheit die größte Sünde. »Schönen Weibern setzen die gaile Venus-Kinder nach wie die Jäger dem Fuxen, welcher einen schönen Balg hat«. Die kostbar gekleideten Damen »können das Christentum nicht anziehen«. Ein »aufgeschmucktes« Mädchen bezeichnet der Prediger als einen »mit weißem Fell überzogenen Koth-Hauffen«. Auch wettert Clemens, der in seinen

Predigten immer wieder von Regensburg (»Ich darff nur allhier zu Regenspurg verbleiben«) und seinem »lieben Vatterland Bayren« erzählt, gegen das siebte Sakrament, die Ehe. »Was bleibt übrig dem verheyratheten Stand? Nichts anders als das Creutz!« Die Regensburger Männer, »die in Aufbutzen bald so närrisch thuen als die Weiber« oder »eine geile Venus« suchen, werden von ihm ebenso bekriegt wie die Protestanten mit ihrem »Ketzer-Gifft«.

Den Vogel schießt hier allerdings Johann Joseph Gassner (1727–1779) ab, der 1774 in Regensburg mit seinen Teufelsaustreibungen das große Geschäft macht. Schließt man nach seinen Aktionen, ist die halbe Stadt vom Teufel besessen. Der Schriftsteller Wilhelm Ludwig Weckherlin (1739–1792) bezeichnet ihn als einen »der berühmtesten Taschenspieler«.

Sachlicher dagegen bleiben die protestantischen Prediger in der Stadt. Der in Österreich geborene Philipp Ehrenreich Wider (1623–1684) und Gottlieb Balduin (1640–1684) sind die beiden bekanntesten Vertreter ihres Kreises. Auch sie predigen wider die Ausgelassenheit, doch ohne die Zuhörer zu diskriminieren. »Darumb weil die leibliche Freude so gar kurtz ist, so ist es auch besser von derselben abzustehen«, erklärt 1677 Balduin, der Verfasser des bekannten »Entdeckten Heiligthums«. Für Wider, der zahlreiche homiletische Bücher wie die »Evangelische Hertz- und Bilder-Postille«, die »Evangelische Schatzkammer« und das »Evangelische Kirchenjahr« verfaßt, ist die Stadt ein richtiger Sündenpfuhl. »O Regenspurg, o Regenspurg! du steckst voller Verachtung Gottes Worts«, predigt er einmal. Auch er, der einen wohlklingenden Namen in ganz Süddeutschland hat und viele Gastpredigten hält, sieht von Beleidigungen ab.

Bayerische Provinzstadt
(1810)

Keine Stadt in Deutschland spürt die Auswirkungen der Französischen Revolution so wie Regensburg. Zunächst treffen hier unmittelbar nach dem Bastillesturm (1789) flüchtende Franzosen ein: Priester, Adelige, Intellektuelle, Hofschranzen und Günstlinge. Wie schon um die Jahrtausendwende, bildet sich mit einem Schlag ein Franzosenviertel, das im Westen der Stadt entsteht. Bald haben die Flüchtlinge ihre eigenen Zirkel und Zeitungen, wie den »Mercure historique« und »Mercure universal«, die in Regensburg verlegt werden. Die bevorzugte Kirche der Franzosen ist St. Emmeram, wo die Epitaphe im Vorhof von ihren Schicksalen erzählen.

Schnell werden die Franzosen allerdings zu einer Plage in der Stadt. Weder der Rat noch die adelige Gesellschaft wollen mit ihnen viel zu tun haben. Der Magistrat sperrt sie von einer gewissen Zeit an aus seinem Territorium aus, der Adel aus seinen Assembleen.

Regensburg ist nämlich längst kein Ort der Reaktion mehr. Es ist kein Zufall, daß hier schon 1784 Adam Weishaupt (1748–1830), der Gründer des aufgeklärten Illuminatenordens, Asyl findet, und das, obwohl der bayerische Kurfürst Karl Theodor (1724–1799), die Regensburger Bischöfe und viele Geistliche die erbittertsten Feinde der Illuminaten sind. Zu ihren Freunden gehört insbesondere der reiche Kaufherr Georg Friedrich von Dittmer. Weishaupt passiert auch nichts, als bekannt wird, daß er an seiner Schwägerin eine Abtreibung vornehmen lassen will.

Und es ist auch kein Zufall, daß in Regensburg besonders stark das Freimaurerwesen blüht. Die Fürsten von Thurn und Taxis gehören den Logen genauso an wie zahlreiche Gesandte, Domherren und Mönche. Sie fliehen die fürchterliche Etikette und huldigen voll und ganz der französischen Aufklärung.

Am Reichstag selbst wird der politischen und geistigen Entwicklung unter dem Diktat der französischen Außenpolitik voll Rechnung getragen. 1803 ist davon eine der wichtigsten Stationen. In diesem Jahr berät nämlich die Reichsdeputation, ein Gremium des Immerwährenden Reichstages, über die Neuordnung des Reiches. Abgesehen von lediglich zwei Ausnahmen (Kurmainz und Hoch- und Deutschmeister) werden alle geistlichen Territorien säkularisiert, das heißt verstaatlicht. Weiter wird beschlossen, daß der Mainzer Kurfürst Carl von Dalberg (1744–1817) seinen Sitz als Kurerzkanzler und Primas von Deutschland nach Regensburg verlegen soll. Der Stadt selbst wird in diesem Zusammenhang »eine unbedingte Neutralität selbst in Reichskriegen« zugesichert.

Die Zukunft Regensburgs scheint gesichert. Wie schon vor der Jahrtausendwende soll die Stadt wieder Metropole in Deutschland werden. Von hier aus sollen die Impulse kommen. Und der hochgeschätzte Dalberg, den unter anderen Goethe, Schiller und Alexander von Humboldt loben, wird hier seine Residenz haben.

Schon ist der Portugiese Joseph d' Herygoyen (1746–1817), der Hofarchitekt Dalbergs, beauftragt, der Hauptstadt ein neues Gesicht zu geben. Unter anderem arbeitet er am Präsidialgebäude, das den Bismarckplatz nach Süden hin abschließt, am Württemberger-Haus beim Prebrunntor, am Keplerdenkmal, am Theater und am Thon-Dittmer-Haus am Haidplatz.

Doch dann ist auf einmal alles aus. Die Pläne, die man mit Regensburg vorhat, lassen sich nicht realisieren. 1806 treten 16 Reichsfürsten aus dem Reichsverband aus, so daß es keiner Reichshauptstadt mehr bedarf. Der Kaiser in Wien legt daraufhin die Krone nieder. Der Immerwährende Reichstag löst sich auf.

Mit dem Abzug der Gesandten aus Regensburg beginnt in der Stadt das Elend. Die Einwohner, die sich seit eineinhalb Jahrhunderten ganz auf die Wünsche der Fürsten und Freiherren einstellten, sind plötzlich arbeitslos. Vorbei sind ihre Funktionen als Kammerzofen und Köche, Hofmeister und Heiducken, Stallburschen und Schreiber, Ammen und Agenten, Lakaien und Lieferanten. Sprunghaft wächst die Zahl der Bettler.

Aber die darauffolgenden Napoleonischen Kriege machen alles noch viel schlimmer. Der Korse wird zwar in Regensburg verwundet, doch fügt er 1809 der Stadt argen Schaden zu. 150 Häuser werden zerstört, darunter Kloster, Kirche, Seminar, Bräu- und Schulhaus von St. Paul, das Frauenkloster St. Klara, die Gemäldesammlung Kränner, das Chorvikarhaus der Alten Kapelle und der Patrizierturm des Hauses »Zum Pelikan« in der Keplerstraße 11. In Stadtamhof brennen die Gebäude aller drei Hauptstraßen ab. Nur zehn Häuser bleiben stehen. Die zahlreichen Toten werden einfach in die Donau geworfen. Ein Chronist schreibt: »Und so wurde der Wohlstand von mehr als 3000 zum Theil wohlhabender Bürger und Einwohner in wenigen Stunden ganz zu Grunde gerichtet.« Als Napoleon von den Verwüstungen erfährt, erklärt er am 19. Juni 1809 gegenüber Dalberg: »Ich wünsche der Stadt Regensburg alles Gute. Als man mir sagte, wie groß die Verluste der Stadt sind, war ich in großem Kummer.«

Verluste ungeahnten Ausmaßes muß auch die Familie

Thurn und Taxis, die sich selbst als »ein unschuldig leidendes Haus« bezeichnet, hinnehmen. Sie büßt vielerorts die Post ein. Auch sie ist an ihrem Untergang selbst schuld. Das Porto war teilweise sehr hoch. Zudem haben die Fürsten über ein Jahrhundert in ihren »Schwarzen Kabinetten« die Briefe heimlich erbrochen. Als der bayerische Minister Montgelas (1759–1838) ihnen hinter die Schliche kommt, ist das für ihn ein Grund mehr, den Thurn und Taxis die bayerische Post zu nehmen. Obwohl sie fast alle deutschen Regenten anjammern und alle Hebel in Bewegung setzen, in ihre alten Vorrechte eingesetzt zu werden, haben sie keinen Erfolg.

1810. Die Stadt wird wieder bayerisch. Es ist eine Rückkehr der einst strahlenden und reichen Ratisbona in die bayerische Heimat, deren Lieblingsplatz inzwischen München geworden ist. Und doch ist Regensburg froh, »endlich nach Jahrhunderten eine seiner Lage angemessene Bestimmung« (Adreßbuch 1844) zu erhalten. Graf Walderdorff schreibt 1895: »Wäre Regensburg niemals deutsche Königsstadt geworden, sondern immer bayerische Hauptstadt geblieben, so wäre die Vergangenheit wohl weniger glanzvoll, die Gegenwart aber desto angenehmer und freundlicher geworden.« So beginnen sich die Sünden der Vergangenheit zu rächen. »Der ökonomische Zustand dieser Reichsstadt erregt und verdient Bedauern. Eine Schuldenlast, geerbt von Großvätern und von den Enkeln unvermindert, drückt das gemeine Wesen«, klagt schon 1802 die »Stimme eines Teutschen«. Andreas Schmeller nennt die Stadt im selben Jahr »altmodisch und platt«. »Bettelhaft« sieht Regensburg 1803 nach denWorten von Roman Zirngibl aus.

Vier Jahre später findet ein Wiener Beamter die Stadt »oede und todt«. Zur gleichen Zeit ist der 19jährige Joseph von Eichendorff (1788–1857) hier. Er schreibt: »Es ist herzergreifend, wie diese alte berühmte Stadt jetzt durch die Auflösung des Reichstages öde und leer ist; nur die Kirchen schauen, erhaben über die kleinlichen Jahre, einsam aus den alten kräftigen Zeiten der Herrlichkeit herüber.«

Ja sogar die Künstler, die all die Jahrhunderte der Stadt die Treue hielten, ziehen ab. So bedauert 1811 der ehemalige Mönch von St. Emmeram, Placidus Heinrich, daß in einem Lexikon von nur einem einzigen Künstler der Stadt, dem 1791 zugezogenen Joseph Franz Goez, die Rede ist, »dergleichen es doch in ältern und neuern Zeiten immer einige gab«.

Für die bayerische und damit auch Regensburger Bevölkerung bringt der Wandel aber einen erheblichen Vorteil anderer Art. Es etabliert sich eine neue Gesellschaft, die mehr der Gleichheit und Gerechtigkeit verpflichtet ist. Die Vorherrschaft des Adels wird gebrochen. Wenn auch die Revolution von 1918 diese Entwicklung zu einem weiteren Abschluß treibt, so sind doch die Folgen der Mediatisierung erheblich. Das Mittelalter ist ein für allemal beendet.

Wie wirkt sich der Umschwung in Regensburg aus? Auf den Bischofsstühlen sitzen in Zukunft sittlich einwandfreie Bürgersöhne, nicht mehr die unwürdigen Söhne des Hochadels. Das Ärgernis in Ober- und Niedermünster hört auf. Alle Bürger werden vor dem Gesetz gleich behandelt, die Meisterstellen sind nicht mehr erblich. Die Folterkammer, das wohl markanteste Symbol einer grausamen Epoche, wird endgültig geschlossen.

1808 schafft man die Leibeigenschaft ab, vierzig Jahre später das Recht der grundherrlichen Gerichtsbarkeit. Damit sind die Zeiten vorüber, in denen der Sünchinger Graf Seinsheim seinen Untertanen die Hände abschlägt, wenn sie einen Zweig von einem seiner Bäume brechen. Der Köferinger Graf Lerchenfeld kann seine Bauern nicht mehr schikanieren und sie dauernd mit dem geschliffenen Messer bedrohen.

Und auch die Kirche bleibt nicht ungeschoren. Wie anderswo auch, faßt der Atheismus seine ersten Wurzeln. So wettert 1809 ein Geistlicher in einer Primizpredigt in Niedermünster gegen den neuen Zeitgeist: »Es gehört heut zu Tage bei den höheren Ständen zur Mode, gleichzeitig gegen alle Religion zu seyn, oder, was noch häufiger ist, gar keine zu haben. Um in der sogenannten großen Welt als große Geister angesehen zu werden, müssen Herren und Frauen den dummen Ammenglauben an Gott und Christus wegwerfen.«

1810 verwandelt man das Minoriten- und Augustinerkloster in Kasernen. Im Jahr darauf dient die Erhardikapelle mit ihrem alten Mosaikbild schon als Kartoffelkeller. Überall Zeichen des Niedergangs!

Literatur

Ungedruckte Quellen

Haus-, Hof- und Staatsarchiv Wien:
RK, PC, Pers. Fasz. 4
RK, Zerem. Fasz. 17, 20

Hauptstaatsarchiv Düsseldorf:
Kurköln VI. 7, 30, 177, 706

Niedersächsisches Staatsarchiv Hannover:
Cal. 11. E II, Nr. 302

Staatsbibliothek München:
Cod. germ. 3008, 3960
Cod. lat. 1004, 14485, 15710

Allgemeines Staatsarchiv München:
Reichsstadt Regensburg. Lit. 677
Regensburg, Hochstift. Lit. 20

Geheimes Staatsarchiv München:
Kasten schwarz: 2517, 5090, 9200

Staatsarchiv Landshut:
Rep. 44, Fasz. 22

Fürstliches Zentralarchiv Regensburg:
Hofmarschallamt 139–145

Staatliche Bibliothek Regensburg:
Rat. civ. 62, 268–269, 426, 437
Rat. ep. 234, 250, 418

Stadtarchiv Regensburg:
I. A. E. 2/1–4, 16
Ecclesiastica I
Autographensammlung

Gedruckte Quellen

Adreß-Buch für die Königlich Bayerische Kreishauptstadt Regensburg, Regensburg 1844

Andreas von Regensburg: Sämtliche Werke, München 1903

Arbeo: Leben und Leiden des heiligen Emmeram, München 1953

Archangelus a S. Georgio: Alt-Jung, München 1708

–: Heilige Wunder-Sprüch, Augsburg 1719

Arndt, Ernst Moritz: Reisen durch einen Theil Teutschlands, Ungarns, Italiens und Frankreichs, Leipzig 1804

Ausgewählte Quellen zur Geschichte des Mittelalters – Freiherr vom Stein-Gedächtnisausgabe (darin: Reichsannalen, Einhard, Notger, Fuldaer Annalen, Regino, Widukind, Thietmar, Lampert, Otto von Freising, Ekkehard), Darmstadt 1955 ff.

Aventinus, Johann: Baierische Chronik, Frankfurt 1566

Bader, Veremund: Leichenrede . . ., Regensburg 1742

Balduin, Gottlieb: Der erleuchteten Christen-Augen, Regensburg 1674

–: Vollkommene Seligkeit, Regensburg 1678

Bastian, Franz: Das Runtingerbuch 1383–1407, Regensburg 1935–1944

Beer, Johannes: Sein Leben, von ihm selbst erzählt, Göttingen 1965

–: Die teutschen Winternächte, Frankfurt 1963

Berckenmeyer, P. L.: Neu vermehrter Curieuser Antiquarius, Hamburg 1746

Berthold von Regensburg: Vollständige Ausgabe seiner Predigten, Wien 1862/1880

Beschreibung der Huldigung, welche im Namen des Kaisers Franciscus durch den Fürsten Thurn und Taxis von der Stadt Regensburg eingenommen worden, Regensburg 1750

Beschreibung, mit was Solennität der Kayser Rudolphus II. zu Regenspurg auf dem Reichstag eingezogen, Regensburg 1594

Blümelhuber, Thomas: Primizpredigt in Niedermünster, Regensburg 1809

Briefe an den Geh. Rat Joh. Caspar Lippert in den Jahren 1758–1800, in: Oberbayerisches Archiv, Band 96, München 1972

Brown, Edward: Durch Niederland, Teutschland, Hungarn, Nürnberg 1686

Brusch, Caspar: Hodoeporicon Bavaricum, Basel 1553

Bucer, Martin: Ein warhaffter Bericht vom Colloquio zu Regenspurg, Nürnberg 1546

Bülow, Heinrich Wilhelm von: Über Geschichte und Verfassung des gegenwärtigen Reichstages, Regensburg 1792

Burggraf von Regensburg: Lieder, o. J. o. O.

Candler, Agnellus: Arnolphus male malus cognominatus, München 1737

Celtis, Konrad: Fünf Bücher, Hildesheim 1963

–: Libri, o. O. 1937

Christian der Jüngere: Tagebuch, Leipzig 1858

Cicero: De re publica, München o. J.

Clemens von Burghausen: Wald-Lerchlein, Augsburg 1734

Cochlaeus, Johannes: Brevis Germanie Descriptio (1512), Darmstadt 1960

Dante, Alighieri: Die Göttliche Kommödie, Wien o. J.

Das Rolandslied des Pfaffen Konrad, Frankfurt 1970

Deichsel, Johann Gottlieb: Reise durch Deutschland nach Holland und England im Jahre 1717–1719, Leipzig 1786

Der Stadt Regenspurg revidierte Hochzeits-Ordnung, Regensburg 1689

Die Peinliche Gerichtsordnung Karls V. von 1532, Stuttgart 1967

Die Stimme eines Teutschen, Regensburg 1802

Donauer, Christoph: Chronik, in: Jahrbuch der Gesellschaft für die Geschichte des Protestantismus, 1884

Eichendorff, Joseph von: Tagebücher, Regensburg 1908

Enhuber, Johann Baptist: Consiliorum Ratisbonens. brevis reconsio, Regensburg 1768

Erhard, Caspar: Handbüchlein zur christlichen Vollkommenheit, Wien 1763

–: Christliches Handbüchlein, Regensburg 1728

Etherege, George: The Letterbook, Oxford 1928
–: The Poems, Princetown 1963
Gallus, Nikolaus: Catechismus für die Kirche zu Regenspurg, Regensburg 1554
Gelehrte Nachrichten, Regensburg 1784–1785
Geographie der Freyen Reichsstädte, Weißenburg 1786
Gerl, Peter: Leichenpredigt auf Johann Baptist Kraus, Regensburg 1762
Geschichtsschreiber der deutschen Vorzeit, (darin: Einhard, Jonas von Bobbio, Paulus Diaconus, Metzer Annalen), Leipzig 1877 ff.
Gleichen, Carl Heinrich: Denkwürdigkeiten, Leipzig 1847
Goethe, Johann Wolfgang von: Italienische Reise, Band 1, Berlin 1944
Görtz, Johann Eustach von: Historische und politische Denkwürdigkeiten, Stuttgart 1827
Greflinger, Georg: Der Deutschen Dreißigjähriger Krieg, o. O., 1657
–: Der Französische Baum- und Staudengärtner, o. O., 1665
–: Ethica Complementaria, o. O., 1656
Häckl, Nonnosus: Theologischer Glaubens-Tugend – Catholische Grund-Regeln, Regensburg 1724
Heinrich, Placidus: De longitudine et latitudine geographica urbis Ratisbonae, Regensburg 1801
–: Biographie des Coelestin Steiglehner, Regensburg 1819
Heß, Jonas von: Durchflüge durch Deutschland, die Niederlande und Frankreich, Hamburg 1796–1800
Hochward, Lorenz: Historische Beschreibung von Regensburg, o. O., o. J.
Hohberg, Wolfger von: Lust- und Arzneigarten, Regensburg 1675
–: Georgica Curiosa, Nürnberg 1682
Kaiserchronik (1095–1114), Darmstadt 1972
Katharina II. in ihren Memoiren, Frankfurt 1972
Kayser Albrecht Christoph: Versuch einer kurzen Beschreibung der kaiserlichen freyen Reichsstadt Regensburg, Regensburg 1797
Keßel, N.: Predigt auf den Tod des Königs Gustav Adolph und die Eroberung Regenspurgs, Nürnberg 1633

179

Keyssler, Johann Georg: Neueste Reisen, Hannover 1751

Kindstauf-Ordnung, Regensburg 1689

Kornmann, Rupert: Trauerrede auf den Hochwürdigsten Hochge-
bohrenen Herrn Herrn Frobenius, Regensburg 1791

Krafft, Peter: Tagebuchaufzeichnungen, Münster 1920

Kurze Beschreibung der hitzigen Schlacht und des fürchterlichen
Brandes am 23. April 1809 in Regensburg und Stadtamhof, Regensburg 1809

Leichenordnung, Regensburg 1689

Leichenrede auf Äbtissinnen in Niedermünster und Äbte von
St. Emmeram, Regensburg, mehrere Jahrgänge

Leich-Predigt des . . . Placidi Flemming, Regensburg 1720

Lessing, Gotthold Ephraim: Freundschaftlicher Briefwechsel zwischen G. E. Lessing und seiner Frau, Berlin 1789

Lünig, Johann Christian: Theatrum ceremoniale, Leipzig
1719–1720

Marc, Aurel: Wege zu sich selbst, Hamburg 1965

Megenberg, Konrad: Das Buch der Natur, Augsburg 1475

Moser, Johann Jakob: Teutsches Staats-Recht, Frankfurt/Leipzig
1737–1753

Mozart, Wolfgang Amadeus: Mozarts Briefe, Wuppertal 1906

Nicolai, Friedrich: Beschreibung einer Reise durch Deutschland
und die Schweiz im Jahre 1781, Band 2, Berlin 1783

Oberhirtliche Verordnungen, Regensburg 1853

Oefele, Andreas Felix: SS. rer. Boicarum I, 1763

Ompteda, Dietrich von: Literatur des gesamten sowohl natürlichen wie positiven Völkerrechts, Regensburg 1785

Ompteda, Fritz von: Versuch einer Skizze der ehemaligen vortrefflichen Comitial-Gesandten zu Regensburg, 1792, Leipzig
1894

Ostertag, Johann: Auswahl aus den kleinen Schriften, Sulzbach
1810

–: Etwas von den Blitzableitern, Regensburg 1781

Osterwald, Peter von: Gründe für und wider die geistliche Immunität, München 1766

–: Antwort auf die Fragen . . . wegen der geistlichen Immunität,
Straßburg 1767

Paricius, Georg Heinrich: Das jetzt lebende Regensburg, Regensburg 1722–1725

–: Nachrichten von allen in der Stadt Regensburg gelegenen Reichsstiftern, Regensburg 1723

Paricius, Johann Carl: Allerneueste und bewährte Nachrichten der Stadt Regensburg, Regensburg 1753

Pezzl, Johann: Reise durch den Baierischen Kreis, Salzburg 1784

Piccolomini, Enea Silvio (Pius II.): Deutschland, Köln/Graz 1962

Plümicke, Carl Martin: Briefe auf meiner Reise durch Deutschland, Liegnitz 1793

Pufendorf, Samuel von: De Statu Imperii Germanici, Weimar 1910

Regensburger Comitial-Kalender, 1756, 1761, 1764, 1776, 1798

Regensburgisches Diarium oder wöchentliche Frag- und Anzeige-Nachrichten, 1762–1810

Regensburger Urkundenbuch, Band 1 und 2, in: Monumenta Boica (Band 53 und 54), München 1912 und 1956

Rem, Wilhelm: Augsburger Chronik, Leipzig 1896

Reichenberger, Wunibald: Auserlesene Fastenpredigten, Augsburg 1756

–: Sittlicher Diskurs und anmüthige Betrachtungen, Augsburg 1743

Roritzer, Matthäus: Von der Fialen Gerechtigkait, Regensburg 1486

Rothfischer, Gregor: Ablaß- und Jubeljahr, Regensburg und Wolffenbüttel 1751 und 1754

Rückblick auf die merkwürdigsten Handlungen Carls von Dalberg, Regensburg 1810

Sachs, Hans: Gedichte I, Leipzig 1920

Sanftl, Colomann: Dissertatio in aurem ac pervetustum S. Evangelicorum codicem MS. monasterii S. Emmerami, Regensburg 1786

Schäffer, Jakob Christian: Versuch einer medicinischen Ortsbeschreibung der Stadt Regensburg, Regensburg 1787

Scharl, Placidus: Ein Mönchsleben aus der zweiten Hälfte des 18. Jahrhunderts, Regensburg 1868

Schedel, Hartmann: Weltchronik, Nürnberg 1493

Schenkl, Maurus von: Ethica Christiana, Ingolstadt 1800–1802

Schlegel-Schelling, Caroline: Briefe aus der Frühromantik, Leipzig 1913

Schlitz, Hans Eustach: Denkwürdigkeiten, Hamburg 1898

Schlözer, August Ludwig: Staatsanzeigen, Band 10, Göttingen 1787

Schmeller, Johann Andreas: Tagebücher, München 1954 und 1956

Schubart, Christian Friedrich Daniel: Schubarts, des Patrioten, gesammelte Schriften, Stuttgart 1839

Seyfried, Heinrich: Beschreibung berühmter Städte, Nürnberg 1695

Staatsrechtliche Bemerkungen, o. O. 1796

Steiglehner, Coelestin: Observationes phaenomenorum electricorum, Regensburg 1773

Tacitus, P. Cornelius: Germania, München 1975

Vogl, Coelestinus: Ratisbona Politica, Regensburg 1729

–: Ratisbona Monastica, Regensburg 1752

Von der schönen Maria zu Regenspurg, Regensburg 1519

Von einem Liebhaber der Wahrheit, Regensburg 1753

Wachtgericht- und Haus-Ordnung, Regensburg 1657

Warhafftiger Bericht eines Ehrbaren Cammerers und Raths der Stadt Regenspurg, Regensburg 1542

Weckherlin, Wilhelm Ludwig (alias Rabiosus, Anselm): Reise durch Oberdeutschland, Salzburg/Leipzig 1778

Westenrieder, Lorenz: Dankrede auf Ildephons Kennedy, München 1804

Westhoff, Dietrich: Chronik, Stuttgart 1969

Wider, Philipp Ehrenreich: Evangelische Reise- und Sprichwörter – Postill, Nürnberg 1716

Widmann, Leonhard: Chronik von Regensburg, Leipzig 1878

Widmanstetter, Johann Albert: Nationes, o. O., o. J.

–: Syriacae linguae prima Elementa, Wien 1555/1556

Zapf, Georg Wilhelm: Über meine literarische Reise 1782, Augsburg 1783

Sekundärliteratur

ADB, Leipzig 1875 ff.

Andreas, Willy: Staatskunst und Diplomatie der Venezianer, Leipzig 1943

Aretin, Karl Otmar von: Heiliges Römisches Reich 1776–1803, Wiesbaden 1967

Baader, Clemens Alois: Lexikon verstorbener Baierischer Schriftsteller des 18. und 19. Jahrhunderts, Band 1 und 2, Augsburg und Leipzig 1824 und 1825

Bauerreis, Romuald: Kirchengeschichte Bayerns, Band 1 bis 6, St. Ottilien und Augsburg 1945 bis 1965

Bayerische Literaturgeschichte, München 1965

Bayerns Kunst und Kultur, München 1972

Bayerns Kirche im Mittelalter, München 1960

Bellonci, Maria: L'opera completta del Mantegna, Milano 1967

Bischoff, Bernhard: Mittelalterliche Studien, Band 2, Stuttgart 1967

Bosl, Karl: Die Sozialstruktur der mittelalterlichen Residenz- und Fernhandelsstadt Regensburg, München 1966

–: Frühformen der Gesellschaft im mittelalterlichen Europa, München/Wien 1964

–: Der deutsche und europäische Rang Regensburger Urbanität, Regensburg 1974

–: Bayerische Geschichte, München 1971

–: (Hrg.) Zur Geschichte der Bayern, Darmstadt 1965

Brunner-Schubert, Isolde: Wilhelm und Matthäus Runtinger, in: Verhandlungen des Historischen Vereins für Oberpfalz und Regensburg, Band 110

Chierichetti, Sandro: Bologna, Bologna o. J.

Dachs, Karl: Leben und Dichtung des Johann Ludwig Prasch, in: Verhandlungen des Historischen Vereins für Oberpfalz und Regensburg, Band 98

Dollinger, Robert: Das Evangelium in Regensburg, Regensburg 1959

Dünninger, Eberhard: Begegnung mit Regensburg, Regensburg 1972

Fontanelli, Fratelli: S. Gimignano – Città delle belle Torri, o. O., o. J.

Geyer, Wilhelm: Nikolaus Gallus, Regensburg 1916

Grill, Regis: Coelestin Steiglehner, München 1937

Hable, Guido: Geschichte Regensburgs, Regensburg 1970

Hammermayer, Ludwig: Studien zur Gründungs- und Frühge-
schichte der Bayerischen Akademie der Wissenschaften, München 1954

–: Zur Geschichte der Schottenabtei St. Jakob in Regensburg, in:
Zeitschrift für Bayerische Landesgeschichte, Band 22

Hampe, Karl: Deutsche Kaisergeschichte in der Zeit der Salier und
Staufer, Heidelberg 1963

Heide, Walter: Handbuch der Zeitungswissenschaft, Band 1 und
2, Leipzig 1940

Heimpel, Hermann: Das Gewerbe der Stadt Regensburg im Mittelalter, Stuttgart 1926

Hemleben, Johannes: Kepler, Hamburg 1971

Hese, Eva Elisabeth: Die Jagd Hadamars von Laber, Breslau
1936

Hoede, Franz Xaver: Konrad von Monheim (1643–1712), als Seelsorger bei den Geislinger Hexen, Rom 1964

Holtzmann, Robert: Geschichte der sächsischen Kaiserzeit, München 1941

Kellenbenz, Hermann: Bürgertum und Wirtschaft in der Reichsstadt Regensburg, in: Blätter für deutsche Landesgeschichte,
1962

Kellner, Hans-Jörg: Die Römer in Bayern, München 1972

Kerber, Carl: Der Anteil Regensburgs an der deutschen Literatur
des Mittelalters, in: Verhandlungen des Historischen Vereins
für Oberpfalz und Regensburg, Band 87

Krämer, August: Joseph Franz Freiherr von Goez, Regensburg
1816

Krebs, J.; Hans Ulrich Freiherr von Schaffgotsch, Breslau 1890

Kretschmayr, Heinrich: Geschichte von Venedig, 3. Band, Stuttgart 1934

Krusch, Bruno: Der Bayernname, in: Neues Archiv 1927

Langosch, Karl: Die deutsche Literatur des lateinischen Mittelalters, Berlin 1964

Lindner, August: Die Schriftsteller des Benediktiner-Ordens, Regensburg 1880

Lindner, Pirmin: Monasticon – Verzeichnis aller Aebte und Pröpste der Klöster in der alten Kirchenprovinz Salzburg, Salzburg 1908

Müller, Karl Alexander von: Unterm weißblauen Himmel, Stuttgart 1952

Oettingen, Wolfgang: Über Georg Greflinger in Regensburg, Straßburg 1882

Pörtner, Rudolf: Mit dem Fahrstuhl in die Römerzeit, München 1974

Preger, Wilhelm: Matthias Flacius Illyricus und seine Zeit, Band 2, Erlangen 1861

Ranke, Leopold von: Die Geschichte der Päpste, o. O. 1874

Reiser, Rudolf: Adeliges Stadtleben, Internationales Gesandtenleben auf dem Immerwährenden Reichstag zu Regensburg, München 1969

Riezler, Sigmund: Geschichte Baierns, Band 1 bis 8, Gotha 1878–1914

Rosenfeld, Hellmut: Die Kudrun, in: Zeitschrift für Deutsche Philologie, Band 81

Ruhmer, Eberhard: Albrecht Altdorfer, München 1965

Schlemmer, Hans: St. Emmeram in Regensburg, Kallmünz o. J.

Schnabel, Franz: Deutschlands geschichtliche Quellen und Darstellungen in der Neuzeit, Leipzig/Berlin 1931

Schottenloher, Karl: Der Buchdrucker Paul Kohl, in: Zentralblatt für Bibliothekswesen, Leipzig 1912

Schrott, Ludwig: Bayerische Weltfahrer, München 1964

Schwaiger, Georg: Kardinal Franz Wilhelm von Wartenberg als Bischof von Regensburg (1649–1661), München 1964

Schwarzenfeld, Gertrude von: Rudolf II., München 1961

Simonsfeld, Henry: Der Fondaco dei Tedeschi in Venedig, Band 1 und 2, Aalen 1968

Solleder, Fridolin: München im Mittelalter, München/Berlin 1938

Staber, Josef: Albertus Magnus als Bischof von Regensburg, in: Verhandlungen des Historischen Vereins für Oberpfalz und Regensburg, Band 106

–: Kirchengeschichte des Bistums Regensburg, Regensburg 1966

Stammler, Wolfgang/Langosch, Karl: Die deutsche Literatur des Mittelalters, Berlin/Leipzig 1933 bis 1955

Thieme, Ulrich/Becker, Felix: Allgemeines Lexikon der Bildenden Künstler, Leipzig 1907 bis 1947

Veith, Franz Anton: Bibliotheca Augustana, Augsburg 1785–1793

Walderdorff, Hugo von: Regensburg in seiner Vergangenheit und Gegenwart, Regensburg 1896

Wedgwood, C. V.: Der Dreißigjährige Krieg, München 1969

Weitlauff, Manfred: Kardinal Johann Theodor von Bayern, München 1969

Witten, M.: Der selige Wilhelm, Bonn 1890

Ziegler, Walter: Das Benediktinerkloster St. Emmeram, Regensburg 1970

Zwölf Jahrhunderte Literatur in Bayern, München 1975

Personen- und Ortsregister

Zeichenerklärung: A = Abt/Äbtissin, B = Bischof, Bm = Bürgermeister, H = Herzog/Herzogin, P = Patrizier, Pp = Papst, K = Kaiser/Kaiserin, Kg = König/Königin, Kf = Kurfürst

Ermenrich (B) 22
Erminold (A) 78–79
Erndl M. 89
Esslingen 81
Etherege G. 135, 138, 140, 143

Faber P. 112
Farensbach W. 130
Ferdinand I. (K) 110, 116
Ferdinand II. (K) 125–127, 130–132
Ferdinand III. (K) 127, 131–132
Flacius Illyricus 118–119
Fleming P. (A) 164
Florenz 53, 58–64, 95
Forster F. (A) 158–159
Frankfurt 96, 149
Frauenchiemsee 22
Frauenzell 146, 157
Freiburg 90
Freising 14, 17, 23, 27–28, 144
Friedrich I. (K) 7, 33, 37–38, 63
Friedrich II. (K) 38, 41
Friedrich III. (K) 104–105
Friedrich (Kg) 38, 49
Friedrich d. Große (Kg) 135, 155
Frumold (P) 47
Fuchs T. 104, 106
Fürst M. 119
Fürstenberg J. v. 139
Fulda 66
Fundner B. 119
Furtmayr B. 83, 90

Gallus N. 94, 118–119
Gandersheim 29–30, 67, 87
Garibald I. (H) 13, 15
Garibald II. (H) 13, 17
Gassner J. 160, 169
Gent 39, 65

Gebhard (B) 32–33
Gebhard O. 153, 157
Geier J. 153, 156
Geltinger O. 89
Gerald 77
Gerberga (A) 29
Gerhart F. 83
Gerhoh v. Reichersberg 78
Gerl P. (A) 142, 151, 158–159
Gertrud (H) 33, 35–36
Gießen 153
Giotto 63
Gisela (H) 29
Gisela (Kg) 29, 33, 39
Gleichen C. v. 143
Godin A. (A) 158–159
Göschel 167
Goethe J. W. v. 7, 144, 146, 148,
    155, 171
Goez F. v. 146, 174
Gorze 76
Gottsched J. 147
Grado 15
Graner (P) 46–47
Gravenreuther (P) 46–49
Greflinger G. 153–154
Gregor VII. (Pp) 69
Gregor XV. (Pp) 126
Grienewald F. 83
Grifo 19
Grimm M. 153, 155
Grimoald (bay. H) 14
Grimoald (langobard. H) 18
Grinzing 49
Gropper J. 111
Grub (P) 49
Grünberger T. 166
Guericke O. v. 7
Gumppenberg A. v. 88

195

Sachregister